JN106282

本気の文章上達法を教えます

長谷川智 著

セルバ出版

はじめに

本書は、「本気で文章をうまくなりたい人」のために書きました。

第1章「プロフェッショナルなコミュニケーションのための文章術」は、文章に関する考え方をまとめました。

第2章「文章スタイルの基礎知識」は、書くための初級編です。

第3章「ビジネス文書の効果的な作成方法」は、ビジネス文書やメール、ウェブの書き方を説明しています。

第4章「読みやすさと引き込まれる文章のつくり方」は中級編で、上達のための心構え、知識や教養の大切さをまとめています。

第5章「文章力の継続的な向上に向けて」は、文豪の文章論など上級編の内容になっています。

すぐに文章を上達させたい人は、第2章から読んでください。ビジネス関係の文章をよく書く人は、続いて第3章に進んでください。この2つの章を読めば、一定の水準に達します。

本書の特徴は、第1章と第4~5章にあります。筆者は「書くことは考えること」と位置づけています。いろいろ考えることで、文章は深みを増します。上達のための考える材料を提供したつもりです。

スポーツの実技は、本を読んだだけで上達はしません。体を動かし、体で覚えることで上達します。文章も同じです。「案ずるより産むがやすし」。たくさん書くことで上手になります。どんどん書いてみましょう。

筆者は１９８０年に朝日新聞社に入社し、定年まで43年ほど勤めました。教育事業などを担当した一時期を除き、40年近く編集部門に在籍し、文章と格闘しました。

記者は経済部、アエラ、地方支局で経験しました。若い頃は追いまくられるようにいろいろ書き、何とか独り立ちしました。デスクになって他人の原稿をチェックする立場になり、読み手の心情を理解するようになりました。管理職としてはニュースや企画記事、紙面全体をどう展開するか考えるようになりました。現場には事実の発掘を求め、メッセージの重要性を意識しました。そうした経験を踏まえた現時点の結論が、本書になっています。

上達するにはたくさん書くことが第一ですが、「他人の目」も同様に重要です。スポーツの実技なら、監督やコーチの目です。新聞や雑誌、書籍など市販される文章は、たくさんの人にチェックされています。記者時代、記事を書くときに参考になったのは、先輩や同僚たちとの会話でした。「こう書いたらどうだ」「こうしたらもっと面白いぞ」という意見に触発され、気づきを得ました。文章は誰かに伝えるものなので、最終的に他人の目に触れますが、その前に誰かに読んでもらい、感想を聞くことは、上達のために不可欠です。恥ずかしがらずに他人に見せて、フィードバックしてもらいましょう。

退職後、「長谷川キャリア文章塾」を開講しました。特製テキストをつくり、社会人や学生を対象に月４回程度、課題作文を出しています。添削をするだけでなく、細かな講評を書いて返送しています。文章の上達には、知識や教養も必要なので、平日毎朝、ニュース解説や教養講座を掲載したメルマガを発行しています。

本書は特製テキストをベースに大幅に加筆しました。文章塾の活動は必要に応じて本書でも触れています。関心のある方は、ホームページをご覧ください。企業・団体・個人の皆さんに貴重な「他人の目」としてお役に立てると思います。

長谷川　智

２０２３年11月

本気の文章上達法を教えます　目次

第2章　文章スタイルの基礎知識（初級8か条）

第3章　ビジネス文書の効果的な作成方法

4　ウェブライティングの書き方・124

第4章　読みやすさと引き込まれる文章のつくり方（中級8か条）

第5章 文章力の継続的な向上に向けて

第1章　プロフェッショナルなコミュニケーションのための文章術

1　文章とは何か

皆さんは初めての町に行く時、どうするでしょうか。目的にもよりますが、時間がたっぷりある旅行の場合、できるだけ町について知ろうとするのではないでしょうか。

行く前なら観光ガイドブックを読むことができます。行ってからは町をぶらぶらと歩くことで、ガイドブックではわからなかった雰囲気を知ることができるでしょう。

私が一番いいと思う方法は、その町で一番高いところに行くことです。山や川や池など自然の様子がわかります。市街地や緑地、農地の広がりを知ることができ、大きな建物が目に飛び込んできます。町の全体像がより鮮明になります。

どんなことも、まず俯瞰的、大局的に見ることが重要です。

◎チャットGPTに聞く「文章とは何か」

本書では文章の上手なつくり方を紹介していきますが、最初に一番高いところから全体像を見るため、「文章とは何か」を考えます。文章は誰でも知っていますが、いざ「何か」と問われると、すらすらと言えないのではないでしょうか。

そんなとき、便利なツールが登場しています。生成ＡＩ（人工知能）です。関心を集めているチャットＧＰＴを使ってみたら、次の答えが出てきました。

「文章とは、言語を使用して情報やアイデアを伝えるための一連の文の集合です。文章は、特定の主語や目的に関する情報を整理し、読者や聴衆に伝えるために使用されます。文章は、文章全体が一貫性を持ち、論理的な流れや構造を持っていることが一般的です。

文章は、様々な形式やスタイルで存在し、書かれるコンテキストや目的に応じて異なる特徴を持つことがあります。例えば記事、レポート、エッセイ、小説、詩などが文章の一例です。文章は、言葉を使って情報を伝える方法として非常に重要であり、コミュニケーションや情報共有の手段として広く利用されています」

・ＡＩの可能性と限界を知る

ちょっと難しい回答という気がしました。ご存じかと思いますが、チャットＧＰＴは何回も質問することができ、答えはそのたびに違います。今回とまったく同じ答えは出てこないでしょう。

生成ＡＩを使ってみたのは、生成ＡＩが文章作成を代行する、と言われているためです。文章を書く仕事は減るとも言われています。

私が主宰している長谷川キャリア文章塾では、チャットＧＰＴを使った作文の課題を出し、その可能性も探っています。ＡＩが文章作成の一定の領域で威力を発揮するのは事実です。詳しくは順に書いていきますが、人間が生成ＡＩの可能性と限界をよく知り、両面を踏まえて対処する必要があります。

◎「文章の機能」を聞く

先ほどの答えはややわかりにくかったので、「文章にはどんな機能があるのでしょうか」と聞いてみました。答えは次の通りで、かなり具体的になってきました。

「文章は様々な機能を持ち、コミュニケーションや情報伝達の様々な目的に使用されます。次は文章の主な機能のいくつかです。

①情報伝達＝文章は情報を伝えるための重要な手段です。ニュース記事、レポート、学術論文などは、特定の情報を読者に伝えるために文章が使用される例です。

②説明＝文章は複雑な概念やプロセスを説明するのに役立ちます。教科書、解説記事、専門家のブログなどが説明の目的で書かれた文章です。

③説得＝議論的な文章は、読者を特定の立場や意見に説得しようとします。エッセイ、論文、広告文などがこのカテゴリーに属します。

④娯楽＝文学作品や小説、詩、物語は、読者を楽しませることを主な目的としています。これらの文章はエンターテインメントの提供に役立ちます。

⑤記録＝文章は歴史の記録や日記、メモとして使用され、出来事や情報を文書化するのに役立ちます。

⑥教育＝教育的な文章は、学習資料や教科書として使用され、知識やスキルを伝える役割を果たします。

⑦コミュニケーション＝文章は人々とのコミュニケーションの手段としても機能し、メール、手紙、ソーシャルメディアの投稿などが該当します。

⑧感情の表現＝詩や文学作品は著者の感情や感受性を表現し、読者と感情的なつながりをつくるのに使用されます。

文章は非常に多目的のコミュニケーションツールであり、目的に応じて異なるスタイルやトーンで書かれることがあります。また、文章の効果的な機能は、文法、文体、コンテキスト、読者への適切な配慮に依存することもあります」

・ＡＩの発達をフォローしよう

最初の答えより、ずいぶんイメージが膨らみます。これも一例で、質問を重ねていけば、内容も変わっていきます。細部に異論があるかもしれませんが、生成ＡＩが便利な道具であることは間違いありません。文章を書こうとする人は、生成ＡＩにずっと関心を持つ必要があります。将来、様々に進歩し、より便利になることでしょう。

一方、ＡＩ全般には危険性もあります。人間に代わって重要な判断をゆだねてしまえば、取り返しがつかない事態に陥る可能性も指摘されています。

開発者らがこうした危惧を持っていますから、利用する側も目が離せません。ＡＩの発達をフォローすることは、単に文章を書くことにとどまりません。人間は何ができるのか、何をすべきか、ひいては社会や地球の将来を考えることでもあります。

◎ポイントは「わかりやすく伝える」

さて、2つの回答をじっくり読むと、重要なことが浮かんできます。何でしょうか。最初の回答の冒頭にこうあります。「文章とは、言語を使用して情報やアイデアを伝えるための一連の文の集合です」。

この文の「伝える」に注目してください。文章には伝える相手が必ずいるのです。読み手が必ずいるのです。他の回答もみてください。文章の機能は「情報伝達、説明、説得、娯楽、記録、教育、コミュニケーション、感情の表現」という8つあげられました。すべて読み手がいて、何かを伝えるのが目的です。娯楽には楽しませる目的もあります。

読み手を想定していない文章として、個人の「日記」や自分向けの「メモ」をあげることができます。しかし、「記録」の欄を見てください。日記もメモも歴史の記録として使用されるとあります。有名な政治家の日記が歴史的資料になることはよく知られています。昭和天皇に関係した人の日記やメモは歴史的に一級の資料です。

日本で初めて「文章読本」を書いたのは、ノーベル文学賞候補になった谷崎潤一郎（1886～1965）です。第5章で詳しく紹介しますが、「鍵」という小説があります。日記を題材とし、初老の学者夫妻を主人公にした長編小説です。夫婦はそれぞれ日記を書いていますが、ひょんなことから相手に見せることを前提に書くようになります。題名の「鍵」は、日記を隠している場所の鍵を夫がわざと落としたところからつけられています。耽美派と言われた谷崎らしい世界が、展開されています。日記でさえ、伝える手段になることがあるのです。

・文章の訓練になる「日記」、読者は「自分」

文章の訓練に日記が適していると言われます。私も15年ほど前から、日記をつけています。内容は時々に応じて変化します。体重を朝晩書いていますが、これは役に立ちます。飲み過ぎたり、食べ過ぎたりして体重が増えたときには、自ずとセーブします。その日にあった出来事や仕事を記し、そのときの簡単な気持ちを書くこともあります。英語の資格試験を受けていたときには、英語で書いてみました。行動は書きやすいのですが、どう思ったかといった感情を英語にするのは簡単ではありませんでした。

他人が読むことは想定していませんし、歴史資料になるはずもありません。しかし、読者はいます。数年後の自分です。読み返すと、その時を思い出して、時に面白く、時に不愉快になります。ささやかながら自分と向き合う時間です。登場人物を思い出し、それなりの感慨がわいてきます。日記は内省の有力手段になります。

個人向けと思われる日記でも読者がいるのです。文章はすべて、伝えることが目的と言えますが、そのときの基本は何でしょうか。簡単です。伝わるかどうか、わかりやすいかどうか、です。「いい文章はわかりやすく伝えるもの」がこの節の基本的な結論です。当たり前のように思えるかもしれませんが、文章を書くことは小手先の技能ではありません。

ていねいに思考を重ねていくことが、いい文章につながることをまず理解してください。

2　文章の種類

文章は基本的に「わかりやすく伝えるもの」が前節の結論でした。「わかりやすく」は、読んだ人が理解できるという意味です。一言でいうと簡単ですが、「読む人」は多様です。「理解できる」もどの程度まで理解するかという問題があります。

「伝える」についてもいろいろな要素がからんできます。平易な表現に限るのか、専門用語を交えるのか、がありそうです。伝え方も様々です。

相手が、親しい友人か、大切な取引先か、で大きく変わってきます。文だけでなく、図や表を使う場合には、それぞれの配置に気を配ることになります。

最低限、失礼にならないようにしないといけません。これらは伝える相手、目的、文章の種類に関わってきます。この章ではそれらを考えてみましょう。

◎「誰のため、何のため」

文章はすべて、読む相手と目的があります。ここをしっかり押さえることが重要です。相手と目的があいまいだと、文章もあいまいになります。夏休みに作文の宿題があったと思います。

例えば「この夏の思い出」という題としましょう。読む相手は「先生」、目的は「宿題だから」

だとしたら、わくわくするような文章は書けるでしょうか。読む相手が「同級生をはじめとした学校のみんな」、目的は「自分の夏休みの成長を伝える」としたらどうでしょうか。書く前から「志」や「魂」が違ってくると思いませんか。文章を書くときに大切にしたいことです。

20年以上前、朝日新聞で新潟総局長を務めていた時、次のようなルールで実験をしました。原稿を書く時、冒頭に「誰のため、何のため」と書いてもらうのです。記者の多くは若手ですが、狙いは読み手を意識させ、新聞を面白くするためです。

「最近の新聞は面白くないなあ」という声は社内でも時々出ます。関心を集めるニュースの有無などいろいろな事情がありますが、記者が惰性に陥ると紙面が面白くなくなります。問題意識が弱くなり、取材意欲が落ち、記事の訴える力が落ちていくのです。

評論家や他人ごとのように「最近の紙面は魅力ないなあ」という記者は、「君が面白い記事を書けばいいんだよ」とアドバイスされますが、仕組みとして現場を活性化させる必要があります。放っておくと、官庁や警察などの発表をただ書くだけになりかねません。一ひねりすれば面白くなる話題も意欲がないと当たり障りなく書いてしまいます。みんなで面白がって、使命感を持って紙面をつくる必要があります。

・文は読み手と気づきで進化

実験は2か月ほど続けました。紙面の評価は、定性的で、好みや主観も入るので難しい面がありますが、若手記者からは「これまでと違って、書く前に一息ついて考えるようになった」とか「記事の焦点を絞るように心がけた」という声が寄せられました。一定の成果はあったと考えています。

皆さんが文章を書く場合、必ず読む相手がいて、文章の目的があるはずです。これを常に意識してください。漠然と書いていては、焦点が定まらず、何を言いたいのかわからない文章になります。文を書く前に「誰のため、何のため」とメモすることも有効でしょう。

身近な人と話したり、本を読んだり、映画を見たりすることも大切です。記者の経験では、発見になり、ヒントを得るのは、同僚記者との何気ない会話というケースが少なくありませんでした。

「セレンディピティ」という英語があります。偶然に魅力的なものに出会ったり、予想外のものを発見したりする意味ですが、文章を書くにあたっては、日常生活でのセレンディピティのような気づきも重要になります。

◎文章の種類を見極める

文章の種類によって書き方は変わってきます。どんな文章の種類があるか見ていきましょう。

こんなときも前節で使ったチャットGPTが便利です。聞いたところ、次のような答えでした。

①説明文＝事実を説明し、情報を伝えることを主な目的とする。教科書、百科事典、科学論文など。
②議論文＝特定の立場や意見を支持し、論理的な根拠を提供する。エッセイ、論文、社説など。
③記述文＝対象や場所、出来事などを詳細に描写する。小説、詩、旅行記など。
④ナラティブ文＝物語を語るための文章。小説、短編ストーリー、伝記、自伝など。

⑤評論文＝他の作品や出来事を評価し、批評する。書評、映画評、美術評論など。
⑥テクニカルライティング＝専門的な情報や手順を伝える。マニュアル、技術文書、レポートなど。
⑦ビジネスライティング＝ビジネスコミュニケーションのための文章。ビジネスレポート、メール、プレゼンテーションなど。
⑧クリエイティブライティング＝創造的な表現を重視する。フィクション、詩的な文章など。
⑨ジャーナリズム＝ニュース報道や記事など。新聞記事、雑誌記事、オンラインニュースなど。
⑩アカデミックライティング＝学術的な研究や論文を書くための文章。学術論文、エッセイ、レポートなど。

細部で異論はあるかもしれませんが、一定の目安になります。これらの文章は、読む相手と目的がそれぞれ違います。「わかりやすく伝える」という文章のベースは同じですが、状況に応じて表現や形式、トーンなどを変えていくことになります。

◎生成ＡＩの注意点

ここで、チャットＧＰＴなどこれから使われるとみられる生成ＡＩについて、私なりの現時点での適切な使い方を書いておこうと思います。公表を前提とした作文をする場合に限ってですが、「定性的な情報を網羅的に調べる場合に有効。情報の適否を自分で判断できない分野では使わないほうがいい」と思っています。前節と今節では、定性的な情報を網羅的に調べるために使いました。

今後、技術は進歩するでしょうから改善は見込まれますが、将来にわたって決定的に足りない点は、「経験」「志」「魂」と言えます。これらは生身の人間しかないものです。逆に言えば、人間としてこの3点をしっかり持っていれば、恐れることはないと言っていいように思います。

私が主宰するキャリア文章塾では、チャットGPTを使った問題を出します。「日本の社会保障の問題点について、チャットGPTを使い、自分の意見として書いてください」という題です。年金、医療、介護をはじめ問題は多岐にわたります。少子高齢化で制度の見直しは避けられませんが、利害が複雑に絡み、簡単に改革できないのが現実です。究極的には「負担と給付の関係」に帰着します。専門家の間では「消費増税しかない」というのが定説ですが、増税には政治的エネルギーが膨大にかかります。

チャットGPTに聞くと、例えば「5つの問題点がある。高齢化社会と人口減少、年金制度の問題、医療費の増加、労働市場の課題、社会的格差」といった具合に出てきます。とりあえずこれでいいとして、改善策になると物足りません。

・AIが絶対に持てない「経験」「志」「魂」

例えば「持続可能な制度への転換が必要。将来の財政的な持続性を確保するため、社会保障制度の持続可能性を見直し、収入や経済状況に応じた適切な調整を行う必要がある」と出てきます。関係者の利害調整については「一部の機関が責任を担うのではなく、政府、立法機関、労使関係者、市民社会の協力が必要である」となります。どれも間違っていませんが、「制度の見直し」や「適切な調整」や「関係者の協力」がうまくいかないから問題になっているのです。

何回も聞いていけば、多少は変化しますが、本質は変わりません。こうなる理由は、生成ＡＩに「経験」がないからです。当然と言えば当然ですが、何かを提案して反発を受けたり、法案を通すために根回しをしたり、関係者を説得したりという経験はありません。だから文章に迫力がなく、ピントがずれることもあるのです。

チャットＧＰＴを使った文章はどこか「つるつる」しています。きれいですが、迫るものがありません。人間が書いた文章は「ごつごつ」していることも少なくありませんが、経験に裏打ちされた真実があります。将来に向けた「志」や熱量を伴った「魂」があります。技術は、人間が使いこなしてこそ便利になります。生成ＡＩを正しく恐れ、正しく使うことが大変重要になります。

3　「文は人なり」

文章を書くにあたって、指針の１つにしている言葉があります。「文は人なり」です。18世紀のフランスの博物学者ビュフォンが広めました。フランスの国立学術団体「アカデミー・フランセーズ」に入会する際、「文体について」という題で演説をし、その中で述べました。古代ギリシアの修辞学者で歴史家だったハリカルナッセウスの言葉を引用したとされています。

「文章には書き手の人柄があらわれる」「文章を見れば、書き手の人となりがわかる」という意味です。余談ですが、ビュフォンのような博物学者は、今でいう文科系から理科系まで総合的に研究する人で、昔は多くいました。今は知が細分化されていなくなりました。その功罪を考えてみる意義はありますが、ここではひとまず「文は人なり」を吟味してみましょう。

◎文章の究極の価値は「独自性」

「文は人なり」という言葉をもう少し掘り下げてみたいと思います。文章は本来、書く人の人格や人生観に由来しています。長い文章になればなるほどその傾向は強くなります。議事録をそのまま書き起こして文章にする場合は、個人の出ようもありませんが、短縮したり、要約したりする場合には、少なからず個性は反映します。

大なり小なり、文章には個性がにじんできます。しかし、個性や人格の優劣は簡単には決められません。個性や人格は、その人固有のものであり、普遍的な物差しで判断するような対象ではありません。したがって、文章も基本的に優劣は決められないものです。本来、どんな文章を書いても構わない。これが基本です。

その上で、次の段階の結論になりますが、文章の優劣は決められなくても、面白いかどうかの判断は、読み手によって自由にできます。人によって人の好き嫌いがあるように、文章の好き嫌いは人によって違います。ここが人間や文章の面白い点です。

好きなような文章を書けばいいし、読み手がいろいろな評価をすればいいのです。意味のよくわからない詩もありますが、面白いと思う人がいれば、それでいいのです。

・経験で得た知見や気持ちが独自性の源泉

朝日新聞社は「ＡＥＲＡ」（アエラ）という雑誌を１９８８年に創刊しました。私は創刊時に記者として３年３か月、１９９８年から副編集長として1年1か月在籍しました。「文は人なり」という言葉は、２回目に在籍していたときの編集長が言っていました。「文はその人そのものだから個性を生かそう」と受け止めました。

新聞は事実を中心に主観を交えずコンパクトに書く記事が主流ですが、雑誌は個性をうまく出しながらストーリーとして読ませる違いがあります。雑誌で個性を出すといっても、独りよがりでは読み手に届きません。ものの見方、構成の仕方、表現の仕方などににじみ出てくるのです。

先輩からは「雑誌記事は最終的に筆者がどこで生まれ、どう育ち、何を考え、何を大切にしているかといったことがすべて問われる。それをどううまく表現するかが勝負だ」と言われました。強く印象に残りました。

そう考えると、文章の究極的な価値は独自性と言えます。多くの人にとって独自性が生まれてくるのは経験です。経験をして得た知識や見識、気持ちや感情をどう表現するかが大切になってきます。

そのためには、それまでの自分の経験を棚卸しておく必要もあります。「引き出し」と言ってもいいでしょう。状況に応じて、引き出しを開け、適切な表現を探しましょう。

◎志賀直哉の文と人

ここで少し整理しておきましょう。1節では文章について「わかりやすく伝えるもの」と書きました。「文は人なり」のこの節では「どんな文章を書いても構わない」としました。少し矛盾しているようですが、次のように考えてください。

文章は本来、自由に書いていいのです。例えば、絵はどうでしょうか。誰でも自由に表現できます。文章も絵も、基本的に自由に表現していいのです。しかし、文章は多くの場合、誰かに何かを伝えるものなので、わかりやすく書く必要があります。作家や芸術家ではない、われわれ一般の人間は特にそうです。

その場合、お手本があると参考になります。ここでは小説家を取り上げます。まず、簡潔でわかりやすい文章の書き手として著名な志賀直哉（1883〜1971）です。

・「城の崎にて」の写実に学ぶ

志賀の代表的な小説に「城の崎にて」があります。山手線の電車にはねられてけがをした主人公が、兵庫県の城崎温泉で療養します。その時に見たハチやイモリなど小動物の生死を観察し、自分に引きつけて考えた短編です。一部現代語にしましたが、書き出しはこうです。

「山の手線の電車に跳ね飛ばされて怪我をした、その後養生に、一人で但馬の城崎温泉へ出かけた。背中の傷が脊椎カリエスになれば致命傷になりかねないが、そんなことはあるまいと医者にいわれた」

イモリを見て、意味もなく石を投げつけます。「石はこツといってから流れに落ちた。石の音と同時にイモリは四寸ほど横へとんだように見えた。イモリは尻尾をそらし、高く上げた。自分はどうしたのかしら、と思って見ていた。最初石があたったと思わなかった。イモリの反らした尾が自然に静かに下りてきた。すると肘を張ったようにして傾斜に耐えて、前へついていた両の前足の指が内へまくれこむと、イモリは力なく前へのめってしまった。尾は全く石についた。もう動かない。イモリは死んでしまった」

イモリを見ながら自分の心情を書きます。「イモリと自分だけになったような心持ちがしてイモリの身に自分がなってその心持を感じた。かわいそうに思うと同時に、生き物の寂しさを一緒に感じた。自分は偶然に死なななかった。イモリは偶然に死んだ。自分は寂しい気持ちになって、ようやく足元の見える路を温泉宿の方に帰って来た」

・はったりのない内村鑑三に感銘

志賀は「写実の名手」と言われ、正確に観察した対象を簡潔な言葉で表現していると評されています。無駄のない文章は、理想の1つと言われています。

こうした文体になった背景に、学習院中等科在学中、内村鑑三（1861〜1930）との出会いがあります。内村は西欧社会を追いかける明治以降、キリスト教と日本人の生き方の関係を深く考えた無教会主義の思想家です。

真摯な生涯は青年層に影響を与えましたが、志賀ははったりのない内村の講演を聞いて「真実さがこもり、胸のすく思い」と師事します。志賀の文体は、リアリズム、清澄、明晰、達意といった表現で評価されています。

◎ヘミングウェイの「老人と海」

次にアメリカの作家で、ノーベル文学賞を受賞したアーネスト・ヘミングウェイ（1899～1961）を取り上げます。新聞記者を経て小説家になり、「アメリカの文豪」と言われています。第一次世界大戦後のイタリアを舞台にした「武器よさらば」、スペイン内戦を題材にした「誰がために鐘は鳴る」が有名です。文体は、簡潔で少ない語彙、視覚を重視した描写で会話が少ないことが特徴です。狩猟や釣りが好きで、戦場にも出向く男らしさを特徴とした行動派で、ハードボイルド作家の代表とされます。

第二次世界大戦前の作品が多いのですが、ノーベル賞受賞作は1952年に発表された「老人と海」です。不漁に見舞われた年老いた漁師が、1人で海に向かい、巨大なカジキと格闘する物語です。老漁師を慕う少年との交わりも感動的です。書き出しは次の通りです。

「漁師は老いていた。一人で小舟を操って、メキシコ湾流で漁をしていたが、すでに84日間、一匹もとれない日がつづいていた。最初の40日は一人の少年がついていたのだが、一匹もとれない日が40日もつづくと、あのじいさん、もうどうしようもないサラオだな、と少年の両親は言った。サラオとはスペイン語で「不運のどん底」を意味する。少年は両親の言いつけで別の舟に移り、その舟は最初の1週間で上物を3匹釣り上げた。老人のほうはその後も毎日空っぽの舟でもどってくる。それを見ると少年は悲しくて、いつも浜に降りていっては、老人が巻き綱や手鉤（てかぎ）や銛（もり）などを運び上げるのを手伝った」

・漁師と自分を重ねたメッセージ

無駄のない文章です。新聞記者経験に加え、第一次世界大戦後にパリに6年あまり滞在し、多くの前衛的な作家と交流した背景があるといわれています。ストーリーは単純ですが、小説に込められたメッセージは深いものがあります。海に対する友愛と共存の思想、生き物に対する一体化と尊敬の念、世代を超えた人間の交流と信頼が、簡潔な文章から伝わってきます。舞台はキューバですが、アメリカ批判も込められています。

ヘミングウェイは、私生活では4回結婚し、気分屋で周囲とよくぶつかりました。老漁師のように質素な生活ではなく、豪邸に住むセレブでした。晩年は病気がちで、最後は散弾銃で自殺しました。しかし、毎日正午まで執筆すると決めていた勤勉な一面もありました。自分を「老人と海」の漁師と重ねていたという見方もあります。「文は人なり」と言えます。

4　「正解主義」からの脱却

これまでは文章のいわば総論を考えてきました。復習すると、文章は本来、絵と同様に自由に書けばいいのです。しかし、通常は「わかりやすく伝える」ことを目的にしています。「文は人なり」と言いますから、人格が出ます。自分らしく、わかりやすく、どう書くか。これが基本になります。ここからは実際に書く段階について考えていきます。

◎「文章に正解はない」

日本の教育は暗記中心といわれています。大量の知識をインプットして、1つの正解を当てる。多くの人が受験で経験してきました。若い時に多くの知識を暗記することは重要です。読み書きは暗記しなければできません。何回も訓練して慣れることも必要です。

戦後の日本が、欧米に追いつけ、追い越せで頑張ってきた時代には暗記教育は効果を発揮しました。お手本があるので、そこから学び、改善していくことで日本経済は発展しました。高度成長時代は、創造性もあまり問われず、決められたレールを「24時間頑張れますか」の精神で疾走すればよかったのです。

しかし、欧米に一応追いついて、まがりなりにも先進国になり、新たなイノベーションが問われる時代になると、具合が悪くなってきます。一方的な授業で先生の話を聞いているだけでは、自主性も創造性も養えません。多様性を重視し、双方向のアクティブラーニングや探求学習を推進する新しい教育は、必然の流れであり、強化する必要があります。

・もっと主観を重視しよう

作文でも同じような傾向があります。主宰する長谷川キャリア文章塾で課題を出すと、最初は戸惑う人も少なくありません。自分が思ったり、考えたりしている主観をベースに書いていけばいいのですが、なかなか書けません。理由はいろいろあると思いますが、「正解は何だろうか」と考え込んでしまう、日本の教育に染み付いた「正解主義」の弊害もあると感じます。

新入社員研修で教えるビジネスメールの書き方が典型です。若い人たちはラインをよく使っているので、短くてくだけた日本語でのやり取りは得意です。ビジネスメールになると、取引先や社内の上司と連絡を取ることになりますが、「失礼があってはならない」と過剰に丁寧になりがちです。「どうしたらいいんだろう」と正解を求めることになり、どこかで教わった書き方を形式的に踏襲することになります。

基本的な書き方を学ぶことに意味はありますが、それが常に正解とは限らないのです。あえて正解を言えば、「相手をリスペクトする姿勢」です。その姿勢を守りながら、失礼のないように自分らしく書いていくしかないのです。

・ライシャワーの警告

日本人には「正解主義」の体質が深く染み付いていることを自覚する必要があります。教育は国や社会の中で独立して存在しているわけではありません。歴史や文化に規定されています。日本の教育が、上意下達という一方通行の暗記主義になった背景には、年長者を重んじる儒教や朱子学の影響があるかもしれません。

歴史学者で駐日米国大使も務めたエドウィン・ライシャワーは「日本は明治維新後、欧米各国からそれぞれの国が得意とする分野を選んで学ぼうとしたが、教育だけは違った。従順で有能な国民を育てる政治の手段と考えた」と指摘しています。

明治維新後、各地で自由民権運動が起きました。明治の薩長藩閥政府はその台頭を恐れ、教育勅語をまとめて天皇中心の富国強兵国家を掲げました。これが日本の教育の体質を決めたという見解です。敗戦で新しい憲法ができ、教える内容は変わりましたが、体質は残っていると言っていいでしょう。

文章を書く場合、わかりやすくするためのルールはありますが、正解はないのです。もっと正確にいえば、「正解は1つではなく、たくさんある」のです。自分の主観や思いを起点にし、自分らしく考えながら書くこと。あえて言えば、このスタンスが正解です。文章を書く時の心構えにして欲しいと思います。

◎モダニズム文学の挑戦

「文章に正解はない」の実例を文学の世界に探ってみたいと思います。1900から1940年ごろが最盛期だった西洋のモダニズム運動を取り上げます。それまでの西洋文学は、登場人物や社会状況を綿密に観察し、客観的に描こうとする写実主義が主流でした。しかし、「そもそも客観的な現実とは存在するのだろうか」という見方が出てきました。

背景には認識に関わる科学の進化があります。心理学ではフロイトが無意識の概念を提唱しました。言語学ではソシュールが「言語は恣意的で頼りにならない」と主張し、歴史は事実ではなく物語という考えが生まれました。物理学ではアインシュタインが相対性理論で時間と空間の原理を大きく転換させました。

文学の世界では、客観的真実が存在しないのなら、現実はどう描写できるのかと考え抜き、前衛的な実験が始まります。新しい手法の１つが「意識の流れ」で、登場人物の内面の思考をそのまま描写する方法です。

２つの作品を紹介します。イギリスの女性作家ヴァージニア・ウルフ（１８８２〜１９４１）の「ダロウェイ夫人」（１９２５年）、アイルランドの作家ジェイムズ・ジョイス（１８８２〜１９４１）の「ユリシーズ」（１９２２年）です。ともに特定のある１日を長編小説にしています。

・ヴァージニア・ウルフの実験

ダロウェイ夫人は、第一次世界大戦後のロンドンが舞台です。６月のある朝、下院議員を夫とするダロウェイ夫人が、花を買いに家を出ます。夜に開かれる夫のためのパーティーに使う花です。書き出しでその世界を少し味わってください。

「お花は私が買ってきましょうね、とクラリッサは言った。だって、ルーシーは手一杯だもの。ドアを蝶番（ちょうつがい）から外すことになるし、仕出し屋のランペルマイヤーから人が来る。

それに、この朝！すがすがしくて、まるで浜辺で子供たちを待ち受けている朝みたい」（土屋政雄訳、クラリッサはダロウェイ夫人）

夫人は「生と、ロンドンと、6月の一瞬」を愛していると言います。少女時代の回想や昔の恋人の登場、従軍で精神を病んだ人の自殺などを織り交ぜ、パーティーが終わる場面で小説も終わります。生と死、正気と狂気、田舎と都会、男と女などをめぐる夫人の思考の流れを描写します。

・「ユリシーズ」とアイルランド

「ユリシーズ」は、1904年6月16日、首都ダブリンの1日の出来事です。18章の物語からなる超長編で、古代ギリシアの詩人ホメロスの長編叙事詩「オデッセイア」に対応しています。主人公はさえない中年の広告セールスマンのレオポルド・ブルームです。こちらも書き出しを楽しんでください。

「押しだしのいい、ふとっちょのバック・マリガンが、シャボンの泡のはいっている椀を持って、階段のいちばん上から現れた。椀の上には手鏡と剃刀が交叉して置かれ、十字架の形になっていた。紐のほどけた黄いろいガウンは、おだやかな朝の風に吹かれてふわりと、うしろの方へ持ち上がっていた。彼は椀を高くかかげて唱えた」（高松雄一訳）

主人公は使い走りをしたり仕事の約束を取りつけたり多くの人に会ったりし、長い1日をようやく終えて家に帰ります。物語は他の文学作品や芸術作品にそれとなく触れ、登場人物の意識の流れを順序づけや整理をしないで丹念に描写します。小説は文学大国アイルランドの誇りとされ、ジョイスは20世紀を代表する小説家と評価されています。

・やさしい表現と難解な構成に魅力

モダニズム作家としてはこのほか、「失われた時を求めて」のマルセル・プルースト、ノーベル文学賞を受賞したアメリカのウィリアム・フォークナーらがいます。作品に共通しているのは「難解だ」という評価です。それまでのように時系列でストーリーを展開するのではなく、過去や現在、未来が不規則に混じります。登場人物の考えていることを様々に書いていくので、かなり集中して読まないと、わからなくなるのです。

哲学書は表現自体が難解ですが、モダニズム文学は個々の表現はわかりやすくても、構成が難解なのです。わずか1日の物語に極めて多様な要素を盛り込んでいるのです。前衛的、実験的、知的で、都会的な一面もある文章です。

モダニズム文学を取り上げたのは、文章の可能性を伝えたかったからです。時系列に沿って、写実的に書いていけば、わかりやすくなります。意識を書くにしても明快な言葉で表現すれば、理解しやすくなります。

しかし、時間や空間を意識的にずらしたり、意識や感情をぼかしたりあいまいにしたり書くこともできます。そうすることによって、より真実に近づくこともあります。機会があれば、長編のモダニズム文学の読破に挑戦し、まねてみてはどうでしょうか。

世界には5000〜6000の言語あり、インド国内だけで1000以上といわれています。多くは話し言葉で、文字を持っている言語はわずか400くらいです。日本のように1つの話し言葉と書き言葉が通用する国は珍しいのです。多様性に欠けるともいえますが、1億人以上の大勢の人間によって表現の可能性を追求している言語、ともいえます。

5　文章上達の2つのステップ

文章の具体的な書き方を考えていきましょう。最初に肝に銘じておきたい点は、「文章を書くことは小手先の技能ではない」ということです。それでは、何でしょうか。

「考えること」です。長谷川キャリア文章塾の基本方針は「文章を書くことは考えること」です。書く前には「何を伝えるのか」というメッセージをしっかり考える必要があります。何も考えずに書き始めれば、多くの場合、迷走することになります。深く考えていれば、筋道がしっかりし、文章も深みが出ます。

以上を前提にして、上達の2つのステップを解説します。

◎第1は「基本の習得」

スポーツに例えればわかりやすくなります。野球やサッカー、バスケットボールなど、どの競技にも特有のルールがあります。同じように書き方にも基本的なルールがあります。書き始めの一字下げ、句読点の使い方、段落の分け方、原稿用紙の使い方、ビジネスメールの書式などたくさんあります。

スポーツには競技特有の戦術や鍛え方もあります。上達するには、何回も反復をして体で覚える必要があります。練習です。楽しく練習をするのが理想ですが、苦しさも伴います。競技の本を読んだだけで上達するなら苦労はいりません。文章もまったく同じです。基本を修得したうえで、とにかく書いてみる。最初はうまく書けないかもしれませんが、失敗しながら上達していきます。

新聞記者もそうです。最初は警察を担当し、刑法も刑事訴訟法もよくわかりませんが、事件や事故に追いまくられるように記事を書き続けると、それらしくなっていくのです。行政を担当すれば、地方自治法や公職選挙法に詳しくなり、行政や議会の問題点を指摘できるようになります。

・初級８か条マスターなら３か月で必ず上達

文章の基本は、第２章で「初級８か条」として説明します。「一文は短く」「余分な言葉は省く」といった８か条を修得すれば、合格点の文章を間違いなく書けるようになります。大学生も社会人も真剣に２か月ほど毎週書き続ければ、まず大丈夫です。３か月コースを受講した社会人の例を紹介します。最初の課題だった「こんな人生を送りたい」の書き出しは次の通りでした。

「私の人生は平凡でありどこにでもある人生だと感じていました。高校を卒業して就職、現在に至っています。それなりに幸せで普通のサラリーマン人生でしたが、35歳で海外勤務を命ぜられました」

最初の文章は読点(テン)がないので読みにくく、「人生」が重複しています。「現在に至っています」「普通のサラリーマン人生で」は不要でしょう。全体に冗長です。400字の文でしたが、添削箇所は13か所もありました。しかし3か月後、最後の課題となった「文章研修の感想」では、次のような書き出しの文章が提出されました。

「3か月もかけて毎週作文を提出するのは憂鬱だ。始めるにあたり率直な感想だった。作文を書くのは小学生以来だし、評価されるような文章を書く自信もない。社会人になってから、与えられたテーマを文章にする経験はなく、気が重かったのは私だけではないと思った」

リズム感がある簡潔な文章で、特に問題はありません。800字の課題でしたが、添削箇所は細かな3か所だけでした。「作文が途中から楽しくなった」「文章がすっきりした」「今後も成長していきたい」とも書いてありました。文章は上達し、社会人としての意識も高まったように感じました。

基本を修得すれば、一定の水準に達し、恥ずかしくない文章を書くことができます。基本的なビジネス文書なら合格点をクリアします。基本8か条を徹底することをまず目指してください。

◎第2は知識と教養で磨く

批評家の若松英輔さんはフランス文学を学び、言葉を非常に大切にしています。2023年8月、日本経済新聞の連載「言葉のちから」で、フランスの詩人ポール・ヴァレリーの文学論を引き合いに、「書くという営み」を書いています。中学校時代、「読解」を求められる国語の成績が芳しくありませんでした。

ところがあるとき、文章を読んで言葉の扉が開いて、世界の深みに導かれるような体験をしました。「正解」を超えたところに美しい何かがあると感じます。少し長くなりますが、引用してみます。

・若松英輔さんの文章

「文章を前にするとどうしても『正しさ』に囚われがちになるが、絵や音楽を前にすれば状況はまったく違ってくる。いとも簡単に『正しさ』を超えた地平に招かれる。さらにいえば、正しさの世界に疲れ、そこから脱出するために人は、美を求めるのではないだろうか。（中略）

予備校からの帰り道、古書店の軒先で、戦前に刊行され、表紙も取れそうなフランスの詩人であり哲学者でもあったポール・ヴァレリーの『文学論』を１００円で買った。薄い格言集のような著作で、たまたま開いたページにはこう記されていた。『書く、それは予見することである』。ここでの『予見』とは単に未来を先取りする、という意味ではない。書くとは、人生の暗がりに光を招き入れようとする試みだというのである。

続けてこう記されている。『どんなに自己を知らずにいるか、自分の書いたものを読み返して初めて気がつく』。ヴァレリーは正しい。真の意味で『書く』とは、単に自分の考えを文字化することではなく、未知なる自己を探求することにほかならないからである」

こういう文章を書くべきだということではありません。こういう文章もあると知って欲しいと思います。フランスの詩人との出会いを交えながら、「書く」ことについて深く考え、論じています。

文字通り、知識や教養を感じます。

・田坂広志さんの教養観

そもそも教養とは何でしょうか。多摩大大学院の田坂広志名誉教授は、社会や人間について根源的に考え多くの著書がありますが、「教養を磨く」（２０２３年）で、要旨次のように書いています。

「かつての教養は、書物を通じて学んだ専門分野の該博な知識だった。しかし今は、大きな変化がある。知識は人工知能が説明してくれる。書物に代表される活字メディアに加え、映像や動画などマルチメディアを活用できる。専門分野の教養はテレビ番組や映画、漫画などからも得られる。その結果、３つの深化が起きている。

第1は『専門の知から生態系の知への深化』で、人間、組織、社会、生命、心、幸せ、死などは何かという容易に答えの得られない深い問いが重要になっている。

第2は『言語の知から体験の知への深化』で、映像メディアで疑似体験や仮想体験できる。

第3は『理論の知から物語の知への深化』で、『人間とは何か』など深い問いを学ぶとき、理論ではなく具体的で生きたエピソードや物語から学ぶことが主流になっていく」

教養観は大きく変化し、知識の位置づけも変わりつつあります。しかし、文章に深みや厚みを持たせるのが教養や知識であることは変わらないでしょう。特定のテーマを書くときに知識は欠かせませんし、行間に教養がにじむこともあります。若松氏の文章のように文学作品を取り上げて書く

 こともあります。

著名人や偉人らの格言を引用するのは、文章を引き締めたり、格調を増したりする一般的な書き方です。

・教養人は「教養を大切にしたい人」

「教養人」は「教養のある人」と思われています。しかし、教養の程度は客観的に測れませんし、どの分野でも上には上がいるものです。

私は「教養を大切にしたいと思っている人が教養人」だと考えています。これなら多くの人が心がけ次第でずっと教養人でいられることになります。

◎メルマガで習慣づける

知識や教養は一朝一夕ではつきません。幅広い事象に関心を持つ習慣が大切になります。習慣によって自分自身が変わっていき、文章にもにじみ出るようになるのです。

長谷川キャリア文章塾は、社会人と大学生が主な対象です。月4回の課題作文を基本にしています。作文のテーマ領域は、「自分」、「会社・仕事」、「時事問題」の3つが基本です。自分に関しては「どんな人生を送りたいか」「一番うれしかったことは何か」などです。会社・仕事は「自社の企業理念について自由に述べよ」「自分が社長ならどうするか」などで、大学生なら「希望する業種と理由を述べよ」など就活関係が多くなります。時事問題では、日本の経済や教育、社会保障の問題点などについて論じてもらいます。

受講生が戸惑うのは、その人が考えたこともない課題が出たときです。そんなときこそ脳が活性化して、思いもよらない気づきがあったりします。どの課題でも知識・教養は関係してきます。

・知識と教養に毎日触れる

知識・教養に対する関心を直接高める狙いで、平日毎朝6時過ぎ、メルマガを送っています。内容は4つあります。

第1は「デイ・ウオッチ」で、前日のニュースを5本程度ピックアップし、私の一口コメントをつけます。ニュースの選択基準は、メディアの扱いの大きさではなく、①当分、焦点・話題になる②世の中の秩序・構造に関わる③日本人として知っておきたい、の3点にしています。コメントは、今後の展開を予測し、より本質に迫ることを重視し、党派性は排しています。

第2は、週替わりの教養講座です。週ごとにテーマを決め、各種文献を参考にしながら毎日800字程度で解説しています。2023年1月に始めましたが、順に「世界の名演説」「SDGsジェンダー平等」「五木寛之の思想」「財政を考える」といったテーマを取り上げています。ジャンルは、政治、経済、歴史、思想、文学などで、文章塾なので文章関係を多く取り上げ、芥川賞の歴史や先に取り上げた若松英輔氏の文章なども特集しました。テーマは自分の勉強を兼ねた図書館通いで選んでいます。

第3は、「今日の名言」です。フェイスブックで友達になっている方が、その日に関係のある著名人らの名言を投稿しており、許可を得て掲載しています。登場するのは古今東西の人たちで、その日が誕生日だったり、命日だったり、偉業を成し遂げた日だったりします。名言や格言は時代を超えて私たちの心に響いてきます。

最後は「ご意見コーナー」です。楽しい空間にしようと、読者から自由な意見を募り、掲載しています。「あのニュースには感動した」「怒りを抑えられなかった」とか「教養講座で学生時代を思い出した」「あの名言はその通りだと思った」といった気軽な意見が寄せられています。

メルマガに触れ、そこで学ぶ以上に日ごろの意識を高め、関心の幅を広げて頂くことが目標です。発行する側としては、「大変だな」と思うと負担感が増しますが、「自分の勉強だ」と思えば、意欲がわいてきます。自分の知識と教養も深まります。

読む側も書く側も、「継続こそ力」です。

◎メルマガのサンプル抜粋（２０２３年11月３日）

説明だけではイメージもわきにくいと思います。２０２３年11月３日のメルマガの要旨を紹介してみましょう。

▼「ディ・ウオッチ」　岸田首相、17兆円の経済対策発表＝これほど評判の悪い経済対策も珍しい。自民党内でさえ応援する空気は乏しい。そもそも今は不況ではない。岸田政権は経済状態の診断ができていないので、症状や療法について、国民的コンセンサスを得ていない。▽日本製鉄、トヨタ

との特許訴訟を放棄＝提訴したとき多くの人が驚いたが、今度は和解もせず、訴訟放棄するという。なぜ提訴をしたのか聞きたくなる。▽李克強・前首相を火葬＝中国の人たちは李前首相を慕っているという。最近の経済低迷への不満も強いのだろう。強固に見える習近平主席だが、「強い者こそ弱い」ともいう。アメリカとのいたずらな対立はやめ、国内経済の立て直しに注力すれば、世界もより平和になるだろう。▽大谷選手がFAに＝当分、大きな話題になりそうだ。西海岸のイメージがあっているので、仮に移籍してもドジャースあたりがいいように思うが、どうなるだろうか。契約額は750億円ともいわれる。サラリーマンの生涯賃金で何人分だろうか。人ごとながら、どう使うのか気になる。

▼「今日の名言」　豊田佐吉（発明家、トヨタグループ創始者。1930年10月30日、63歳で死去）＝「障子を開けてみよ、外は広いぞ」「わしの今日あるのは、天の心。こちらも社会へ奉仕せにゃいかん道理だ。誠実というその字を見ろ。言うことを成せという言葉なんだよ」「いくら儲けたいの、いくら儲けねばならんのと、そんな横着な考えでは人間生きてゆけるものではない」「金は借りやすいところから借りてはいかん。慎重な貸し手は相手の人格を見て、仕事の内容を検討する。そんな人は、こちらが悪くなるとさらに金をつぎ込んでくれる。安易に金を貸してくれる人は、金が欲しいときに返済を迫ってくる」「わしは他人より創造的知能に恵まれているわけではない。すべて努力の結晶だ。世間は、その努力を買ってくれないで、天才だと言って片付けてしまう。私には遺憾千万である」

第2章　文章スタイルの基礎知識（初級8か条）

書くにあたっては、基礎的な文章スタイルがあります。どんな文章にも通用するスタイルをここで紹介します。すでに皆さんが知っていたり、日常的に活用したりしていることもあると思います。整理して身につけることで、より徹底してください。

「初級8か条」と名づけました。

①一文は短く
②主語と述語、修飾語と被修飾語はなるべく近く
③句読点と段落分けを適切に使う
④余計な言葉を省く
⑤「ですます」「である」を混在しない
⑥話し言葉は基本的に使わない
⑦外来語はなるべく避け、できるだけ日本語で
⑧言葉の重複は避ける
番外①　必ず読み直す

それぞれ説明していきます。

長谷川キャリア文章塾の作文講座では、特製テキスト「文章の極意」で解説し、受講中に何回も読んで、徹底しています。1回読んだだけでは身につきませんから、折に触れて読み、復習して欲しいと思います。8か条を自分のものにすれば、合格点の文章に必ずなります。

1　一文は短く

わかりやすい文章を書く上で、もっとも重要なスタイルです。句点（マル）を早めに使うのが基本です。文章を書くとき、頭の中に浮かんでくることをそのまま書こうとする人が少なくありません。自分ではしっかり理解しているのですが、読み手は同じように考えているわけではないので、そのまま伝わるとは限りません。伝わらないことのほうが多いでしょう。

わかりにくい文章の多くは、文章が長いことに一因があります。文を短くすることで、内容が簡潔になります。リズム感も生まれます。句点を早めに使うのは、機械的でわかりやすい書き方なので、文章上達の近道です。

「文章を書くのが苦手で」という人には「1文を短く書いてみてください」と必ずアドバイスしています。

◎1文は60字までが目安

1つの文章は何字程度がいいのでしょうか。厳密なルールはありません。文章によって一定の長短は避けられませんから、機械的に適用する必要はありませんが、最長でも60字が1つの目安になります。

文章を例示します。文章の冒頭に書いた「○」や「×」は、わかりやすくするために書くもので、間違いという訳ではありません。

◇

× 朝寝坊し、朝食はいつもならご飯とおかずを食べるのだが、ジュースだけですませ、あわてて家を出たら、資料の忘れ物に気づいて、急いで家に戻ったが、バスに乗り遅れて遅刻し、重要な会議に遅れて上司に怒られ、さんざんな一日になってしまった。

◇

113字あります。基本の2倍近い字数です。

◇

○ 朝寝坊をした。朝食はいつもならご飯とおかず。あわてて家を出たら、資料の忘れ物に気づいた。急いで家に戻ったが、バスに乗り遅れて遅刻した。重要な会議に遅れて上司に怒られた。さんざんな一日になってしまった。

◇

6つの文章に分けました。字数はどうでしょうか。句点もいれた字数はそれぞれ、7字、15字、16字、23字、17字、15字です。かなり短くなっています。ぶつ切り過ぎという感想を持つかもしれません。確かにそうした印象はありますが、長い文章がだらだら続くより、はるかにいい文になります。

この例示は、主に動作を連ねた内容なので、長い文章でも意味は通じやすくなっています。論理的な文章では、もっとやっかいになります。

◇

×　入学者が定員を充足できない私立大学が今年春、初めて半数を超え、都市の大規模大学はまだいいのだが、地方の小規模大学が特に深刻な状況で、コロナ禍が拍車をかけ、ベースには少子化があり、この30年で18歳人口は４割以上減ったが、私大の数は６割増加し、大手私大が合格者を増やしたこともあり、地方を中心に定員割れする大学が増えてきた。

◇

158字もあります。字数が多くなると、主語も多くなります。主語は「は」や「が」で表記されますが、この文章では「入学者が」「私立大学が」「大規模大学は」「小規模大学が」「コロナ禍が」「少子化が」「18歳人口は」「私大の数は」「大手私大が」「定員割れする大学が」と10個もあります。

主語がたくさん出てくると、述語も伴い、文章があちこち飛ぶような感じになります。

単純に次のように書き換えができます。

◇

○　入学者が定員を充足できない私立大学が今年春、初めて半数を超えた。都市の大規模大学はまだいい。地方の小規模大学が特に深刻な状況だ。コロナ禍が拍車をかけているが、ベースには少子化がある。この30年で18歳人口は４割以上減った。私大の数は６割増加した。大手私大が合格者を増やした影響で、地方を中心に定員割れする大学が増えてきた。

◇

7つの文に分けました。字数はそれぞれ、32字、14字、18字、27字、18字、12字、37字です。かなりすっきりしました。

◎ワンセンテンス・ワンメッセージ

1文を短くし、より簡潔にするには、1文の主語を1つにする方法があります。先ほど、大学定員の文章を直しましたが、主語が2つある文章は3つあります。

これをすべて「ワンセンテンス・ワンメッセージ」にすると、次のようになります。

◇

○入学者が定員を充足できない。そんな私立大学が今年春、初めて半数を超えた。都市の大規模大学はまだいい。地方の小規模大学が特に深刻な状況だ。コロナ禍が拍車をかけている。しかし、ベースには少子化がある。この30年で18歳人口は4割以上減った。私大は6割増加した。大手私大が合格者を増やした。その影響で、地方を中心に定員割れする大学が増えてきた。

◇

主語が2つある文章を2つの文章に分割しました。その関係で一部を補い、文がうまくつながるようにしました。文の数は7から10に増えました。字数はそれぞれ、14字、22字、14字、18字、14字、16字、18字、10字、14字、26字です。すべて30字以下になりました。

誤解しないでいただきたいのは、字数を機械的に最長60字、1つの文を1つの主語にすべきだといっているわけではありません。これらは文をわかりやすくするための目安です。最終的には自分で判断すればいいのです。

文章の正解は1つではなく、たくさんあります。

◎法曹界の長文文化

公的に使われている文章で長い例を紹介しましょう。法曹界です。法律という特殊な世界という事情はあるでしょう。それにしても長すぎます。一般の人は読んでもすぐには理解できない文がたくさんあります。

次は判決の一例です。

◇

本件マンションにおけるごみの取扱いについて、原審証拠によれば、本件マンションには、各階にゴミステーションがあり、地下1階にごみ置場が設けられており、そのごみ処理は管理組合の業務とされ、管理組合はマンション管理会社に対しごみの回収・搬出等の清掃業務を含む本件マンションの管理業務を委託し、そのうち清掃業務については、そのマンション管理会社から委託を受けた清掃会社が行っていたこと、本件マンションでは、居住者が各階のゴミステーションにごみを捨て、これを上記清掃会社の清掃員が各階から集めて地下1階のごみ置場に下ろすなどして、ごみの回収・

搬出作業を行っていたことが認められる。

◇

1文が285字と大変長くなっています。簡単には意味がわかりません。次のように修正することができます。

◇

本件マンションにおけるごみの取扱いについて、原審証拠は次のようになっている。各階にゴミステーションがあり、地下1階にごみ置場が設けられている。処理は管理組合の業務で、マンション管理会社に清掃業務を含む管理を委託している。清掃業務は、管理会社から委託を受けた清掃会社が行っていた。居住者が各階のゴミステーションに捨て、清掃会社の清掃員が集めて地下1階のごみ置場に下ろし、回収・搬出作業を行っていた。

◇

修正文は5つの文で、総字数198字に減りました。5文のうち最少字数は29字、最多字数は59字です。法律文書は厳密さを求められるので、「簡素にすればいい」というわけではないでしょう。

しかし、裁判に関係する多くは一般の国民です。

わかりやすくという意味からは改善の余地があるといえます。

法曹関係者は独特の意識を持っていますが、裁判は国民生活を円滑にするサービスの1つです。受益者である国民が「この文章では意味がわかりません」と声をあげ続ける必要があります。

2　主語と述語、修飾語と被修飾語は近く

文章はよく、「５Ｗ１Ｈ」と言います。英語で5つの「Ｗ」と1つの「Ｈ」を組み合わせたもので、「いつ（Ｗｈｅｎ）、どこで（Ｗｈｅｒｅ）、だれが（Ｗｈｏ）、なにを（Ｗｈａｔ）、なぜ（Ｗｈｙ）、どうした（Ｈｏｗ）」です。

文章を書いたり話したりするとき、「５Ｗ１Ｈ」のルールに徹すれば、具体的で正確に伝えることができます。しかし、実際にはこの通りになることはまれです。流れに応じて省略したり、一部を強調したりしていますが、文章や事実を伝える時の基本はこれだと理解しておく必要があります。

新聞記者は入社すると、最初に警察を担当することが多いのですが、火事や交通事故などの事件・事故では、この6つの要素を正確に取材し、記事にしていきます。

◎主語と述語はセットで考える

日本語の主語は、「誰が」「誰は」というように「が」や「は」の言葉で表現されます。述語は主語を説明している言葉で、動作、状態、性質などを示します。

英語は主語がはっきりし、日本語は時にあいまいだといわれます。特に会話では主語を省き、よりあいまいになる傾向があります。英語でも略されることはあるのですが、主語が最初に来ること

が多いので、印象が強くなる特徴があります。

日本語は主語の位置が必ずしも定まっていません。どこにおいてもいい便利さがあると言えますが、逆にこれがわかりづらい文章につながることになります。

次の文章を見てください。

◇

×　私は、企業の自由競争を前提としている資本主義は、時に大きな格差を生み、歴史的に多くの対策が取られてきましたが、現代はさらに強力な政策が必要だと考えます。

◇

主語は「私は」で、述語は「考えます」です。しかし、離れすぎています。次のように主語の位置を変えたほうがいいでしょう。

◇

○　企業の自由競争を前提としている資本主義は、時に大きな格差を生み、歴史的に多くの対策が取られてきましたが、現代はさらに強力な政策が必要だと私は考えます。

◇

この例は文の意味を取りやすいので、比較的単純です。次の文章はどうでしょうか。

◇

×　私は企業の自由競争を前提としている資本主義は時に大きな格差を生むと分析していて、

◇ 政府は 歴史的に多くの対策を取ってきましたが、現代はさらに強力な政策が必要だと考えます。

主語と思われる言葉が2つあります。「私は」と「政府は」です。対応する述語は、「分析していて」と「考えています」です。前者の主語は「私は」ですが、後者の主語は「私は」か「政府は」か、はっきりしません。

基本は次のように書くことになります。

◇ △ 企業の自由競争を前提としている資本主義は時に大きな格差を生むと 私は 分析していて、政府は 歴史的に多くの対策を取ってきましたが、現代はさらに強力な政策が必要だと 私は 考えます。

◇ 主語と述語の関係はよくわかるようになりました。しかし、1つの文に「私は」が2回も出てきて、くどい感じがします。リズムがよくありません。別の書き方にしたほうがいいでしょう。この前の節で「1文を短く」と提案しましたが、文を分けるとすっきりします。

◇ ○ 私はこう考えています。 企業の自由競争を前提としている資本主義は時に大きな格差を生みます。 政府は 歴史的に多くの対策を取ってきましたが、現代はさらに強力な政策が必要です。

◇「私はこう考えています」という1文を最初に置きます。続く文を2つに分け、「分析していて」「考えています」という2つの言葉を省略するのです。

次のようにすることもできます。

◇

○ 企業の自由競争を前提としている資本主義は、時に大きな格差を生み、政府は歴史的に多くの対策を取ってきました。現代はさらに強力な政策が必要だと私は考えます。

◇

この文は「資本主義が格差を生み、政府が対策を取ってきた」という見解は、合意があり、ほぼ自明だということを前提にしています。第二次世界大戦後、ケインズ経済学が登場し、政府の役割を重視した政策が取られてきたので、合意があるといえます。文の内容によってはこうした修正も可能になります。

◇

多くの要素を詰め込むと、主語と述語が対応しない文章になることがあります。作文添削をしていると、結構多くあるのです。例えば、次のような文です。

◇

× 私は、アメリカ文学を学びたい大学は神戸の海沿いでした。

よく読めば変だとわかりますが、書いているところうなることがあるのです。よい例は次の通りです。

◇

○ 私は 神戸の海沿いにある大学でアメリカ文学を学びたいと 思っていました。

○ 私は 大学でアメリカ文学を学びたいと 思っていました。 その大学は神戸の海沿いにあります。

◇

いずれも「私は」に対応する述語である「思っていました」を加えました。最初の文章は1文ですが、「神戸の海沿いにある大学でアメリカ文学を」の部分が少しくどくなっています。2番目の文章は、2つの文章に分けてすっきりしましたが、「大学」が2回出てきます。2つ目の文章の主語である「その大学は」を削ってしまえば、よりスリムになります。柔軟に考えれば、文章はこのようにいろいろと変化します。「解答は1つ」ではないのです。

主語になるのは、「が」と「は」と説明しましたが、もう少し詳しくみていきます。「が」は格助詞といわれ、主語を示します。

例えば「山本さんが走った」と使います。「は」は係助詞といわれ、主語を示す場合と何か提示する場合があります。「山本さんは走った」なら主語を示します。「山本さんは足が速い」の「は」、山本さんを多くの人の中から選んで提示する役割があります。主語は「足が」の部分になります。

◎修飾語は簡潔にする

修飾語は他の言葉を説明する役割を持っています。

例えば「青い海」は、「青」が修飾語で、「海」が青いと説明される被修飾語です。「早く走る」なら、「早く」が修飾語で、「走る」が被修飾語です。

このように短い言葉ならよくわかりますが、少し長くなると、混乱することがあります。

◇

× 議事録を取締役会の事務局に渡すまでの時間がほとんどなかったので、あわてて私がまとめた原案を課員がチェックした。

◇

この文では、「あわてて」が修飾する言葉が、「私」と「課員」の2つ考えられます。あわてたのが「私」なのか、「課員」なのか、はっきりしません。次のどちらかのように、非修飾語の近くに置くべきです。

◇

○ 議事録を取締役会の事務局に渡すまでの時間がほとんどなかったので、私があわててまとめた原案を、課員がチェックした。

○ 議事録を取締役会の事務局に渡すまでの時間がほとんどなかったので、私がまとめた原案を課員があわててチェックした。

◇

こうした例は意外にたくさんあります。例えば、「小学校の写真が好きな知人」は、「小学校時代の写真が好きな知人」と「いろいろな写真が好きな小学校時代の知人」という2つの意味があります。どちらをはっきりさせましょう。

次の文のように関係がやや複雑になって修飾語が多くなる時は、文を分けたほうが意味を取りやすくなります。主語と述語の関係がはっきりし、修飾語もすっきりと整理されます。

◇

× 昨日テレビに出ていた山本さんは、おととい町を散歩していた時に私が出会った佐藤さんの中学校の同級生です。

◇

○ 昨日テレビに出ていた山本さんは、佐藤さんの中学校の同級生です。私がおととい町を散歩していた時、佐藤さんと出会いました。

○ 私がおととい町を散歩していた時、佐藤さんに出会いました。昨日テレビに出ていた山本さんは、佐藤さんの中学校の同級生です。

◇

主語と述語、修飾語と被修飾語の関係を常に意識し、近くに置いて、簡潔にします。修飾語はあまり多くしないようにし、ここでも簡潔を心がけます。そうすれば、読みやすい、スリムな文章になります。

句読点の説明の最後として、面白い文章を紹介します。読んでみてください。

◇

人ごみで見失わないようにふたりの子供の手をひき、金歯の香具師や六本腕の奇術師にぶつかったり、大勢の人間から発散する糞と薄荷の臭いが入り混じったものに息の詰まる思いをしたりしながら、ホセ・アルカディオ・ブエンディアはこの恐るべき悪夢の無限の秘密をとき明かしてもらうために、狂ったようにメルキアデスを捜し歩いた。

◇

1文が153字あります。読点は打っていますが、少ない印象です。これは1982年にノーベル文学賞を受賞したガルシア・マルケス（1928~2014）の傑作「百年の孤独」の1節（鼓直訳）です。南米コロンビア生まれで、新聞記者や映画の仕事をした後、小説家になりました。強烈な印象を与える文体で、南米特有の孤独感を表現していると評価されています。一般的な文章を書く人がまねる必要はありませんが、こういう世界もあるという1つの参考です。

3　句読点と段落分けを適切に

中学校時代、国語の先生が言ったことをよく覚えています。「課題を与えられて作文を書くとき、すぐ書き始める人間は、ろくな作文を書けない。何を書くのか最初に考えなければいけない」。これは大切な教訓だと今でも感じています。あわてて書き始めるのではなく、何を書きたいかしっかり「構成」を考えろ、というメッセージです。

句点はマル(。)、読点はテン(、)です。句読点と段落は、構成に深く関わる文章技法です。句読点は一文の構成、段落は文章全体の構成に関係してきます。厳密なルールがあるわけではありません。読みやすくすることを念頭に、文の内容に応じて「適切に」使うことが基本です。

◎句読点は息継ぎを意識する

句読点のうち句点は、1節でも説明したように「1文は短く」の原則で打ちましょう。1文は最長60字がメドです。読点は、ゆっくり読んで軽く息継ぎをする場所を選びましょう。適切に打ってあることで、空白が生まれ、文全体の見た目も美しくなります。句読点のない文は、真っ黒な印象になります。

文を書き慣れていないと、次のようになることがあります。

◇

今後の人生をどう生きて行くかということを突きつけられておりますが私も今年で50歳となり定年退職後の生活を考える年齢となりました。やってみたいことやりたいことも少しずつですが自分なりに考えて進めておりますが仕事上それよりもまず行わなければならないのは後継者の育成となります。管理職という立場もあり社業の発展も考えていかなければならず進めているつもりではいるのですが国際営業という難しい仕事でありなかなかうまくいってないのが現実であります。

◇

文は3つありますが、字数は64字、72字、81字とどれも長めです。読点はまったくありません。文章はそのままにして、次のように修正してみました。

◇

今後の人生をどう生きて行くかということを突きつけられております［。］私も今年で50歳となり［、］定年退職後の生活を考える年齢となりました。やってみたいこと［、］やりたいことも少しずつですが［、］自分なりに考えて進めております［。］仕事上、それよりもまず行わなければならないのは［、］後継者の育成となります。管理職という立場もあり［、］社業の発展も考えていかなければなりません。進めているつもりではいるのですが［、］国際営業という難しい仕事であり［、］なかなかうまくいってないのが現実であります

◇

文は2倍の6つに増やしました。字数は順に、32字、33字、40字、36字、33字、54字です。ゼロだった読点は、7つ打ちました。内容や表現の不十分な点は別にして、適切な句読点の事例として参考にしてほしいと思います。しっかりした句読点があれば、形式上はきれいな形になります。

読点の位置が、意味に深く関わることがあります。そうした場合は、意味を取り違えないように読点を厳密に打つ必要があります。

次の文章を読んでください。

「私は初めてラグビーの試合を見て感動した」

この文は２つの意味にとれます。ラグビーの試合を何回も見たことはあるが初めて感動したのか、ラグビーの試合を見たのが初めてで感動したのか、です。

前者なら前半に句点を打ち、「私は初めて、ラグビーの試合を見て感動した」になります。「初めて」を「感動した」のすぐ前に置いて、「私はラグビーの試合を見て、初めて感動した」でもいいでしょう。後者の意味なら、「私は初めてラグビーの試合を見て、感動した」です。２文に分けて、「私は初めてラグビーの試合を見た。感動した」とすれば、よりはっきりします。

読点はこのほか、主語の後に置いたり、接続詞の後に置いたりすることも基本です。リズム感をもたせるために使う方法もあります。これらは厳密なルールではなく、読んでみて読みやすいかどうかが優先です。

迷ったときは、読み手の立場に立って、文を口に出して読み、必要で適切だと思う場所に、気持ち多めに打つことです。少なすぎるより、多めのほうがいいと私は考えています。

◎段落は１字下げ、１００～２００字が目安

文章には段落が必要です。意味のかたまりを区切って、読みやすくするためです。段落がないと、読み手が息をつけず、文面も黒っぽくなり、見た目もよくありません。

最初に書いた「書く前に考えろ」は、「意味の塊をどうつくるか」ということです。「文章は起承転結」と言います。「文を書き起こし、それを受け、転じて展開し、結論を述べる」という構成です。必ずこうすべきということではありませんが、1つの基本にはなります。

書く前に文のおおまかな展開を箇条書きにすることは有効です。1段落の目安を100～200字と考えると便利です。段落の最初は1字下げましょう。ネットでは1字下げをしない例も増えていますが、1字下げが基本です。

次の文章で、段落と句読点を具体的に考えましょう。「これからの人生を考える」という文章です。

◇

35年ほど在籍していた営業部門からまったく違う製造部門に異動になりました。その半年後には父が亡くなり現在85歳になる母は実家で一人暮らしをするようになって1年が経ちました。人口が減少し超高齢化社会が間近に迫っている日本では身体が動けなくなるまで仕事していく必要があると考えています。また自分の体力をできるだけ維持して介護の世話になることなく生涯を終えたいとも思います。かつては自分に向いている仕事か営業のスキルを活用した仕事をしていたいと考えていました。今は自分ができだれかの役に立つ仕事をしたいと考えるようになりました。父の死後は畑を手放そうとしていた母でしたが私が協力する条件でイチゴの生産を続けることになりました。毎週日曜日には実家に行きイチゴづくりの勉強をしています。40年前に両親が特産イチゴのパイオニアとして築いた故郷の畑で同じ世界を感じてみたいです。

◇段落を分け、句読点を適切に打つだけで、次のような文章に変わります。

35年ほど在籍していた営業部門から、まったく違う製造部門に異動になりました。その半年後には父が亡くなり、現在85歳になる母は実家で一人暮らしをするようになって、１年が経ちました。

◇

人口が減少し、超高齢化社会が間近に迫っている日本では、身体が動けなくなるまで仕事していく必要がある、と考えています。また、自分の体力をできるだけ維持して、介護の世話になることなく生涯を終えたい、とも思います。かつては自分に向いている仕事か、営業のスキルを活用した仕事をしていたいと考えていました。今は自分ができ、だれかの役に立つ仕事をしたいと考えるようになりました。

◇

父の死後は畑を手放そうとしていた母でしたが、私が協力する条件で、イチゴの生産を続けることになりました。毎週日曜日には実家に行き、イチゴづくりの勉強をしています。40年前に両親が特産イチゴのパイオニアとして築いた故郷の畑で、同じ世界を感じてみたいです。

３つの段落に分けました。それぞれ89字、１８３字、１２５字です。読点も打ちました。余白ができ、読みやすくなったと思います。

ただ、時系列で読みにくさがあります。材料は豊富にあるので、前向きなメッセージを意識して、私なら次のようにしたいと思います。

◇

我が故郷は海沿いの小さな町です。両親は特産イチゴ生産のパイオニアでした。私は「令和のパイオニア」になる夢を持っています。

1年半前、35年ほど在籍していた営業部門から製造部門に異動になりました。その半年後に父が亡くなり、現在85歳の母は実家で一人暮らしになりました。

少子高齢化が進む日本では、動けなくなるまで仕事していく必要があります。体力をできるだけ維持して、介護の世話になることなく生涯を終えたい。かつては営業スキルを活用した仕事をしたいと考えていましたが、異動で時間に余裕ができ、父の死去もあって郷里を訪れる機会が多くなりました。今は、自分ができることで、郷土の役に立つ仕事をしたいと考えています。

母は父の死後、畑を手放そうとしていました。私が協力する条件で生産を続けることになり、毎週日曜日には実家に行って勉強をしています。両親が築いた畑でイチゴの新品種を根付かせ、郷土を元気にしたいと考えています。

◇

400字程度の短い文章なら、最初に結論を持ってくると、インパクトが出ます。最初の段落は60字と短いのですが、最初にメッセージを持ってきて、続けて背景を説明すれば、読み手もすっきり理解することができます。

4　余計な言葉を省く

誰が書いても最初に書く文章には余分な言葉が混じっています。特に書き慣れていない人の場合、多くの余分な言葉があるのは避けられないことです。文章塾を受講して最初の段階では、ほとんどの人が余分な言葉をたくさん書いてきます。

駆け出しの新聞記者も同様ですが、デスクに削られることで気づき、だんだん修正されていきます。文章塾でも何回も添削することで、身についていきます。

余分な言葉を省くルールは、「１文を短く」と同様、最重要な基本です。１文を短くするためには、機械的に最長でも60字以下にすれば済みます。しかし、余分な言葉をなくすには、何が余分な言葉かを考え、削るか、別の表現を見つける手間がかかります。

余分な言葉を省く利点は、文章が簡潔になることです。冗長さがなくなり、スリムになります。歯切れやリズムがよくなりますし、知的な雰囲気を増します。字数が減るので、より多くの要素を加えることもできます。

字数制限のある文章を書くときには、不可欠のスキルです。徹底すれば、「しっかりした文章」という印象を与えます。「文は人なり」ですから、「しっかりした人だ」と思われることもあるでしょう。

◎「ぜい肉」を探せ

文章塾では、余分な言葉を「ぜい肉」と呼んでいます。受講し始めの2~3回は「ここがぜい肉です。削りましょう」と講評で指摘します。体重が増えて減量したい人は、自分のぜい肉がわかり、減らすために食事の量を少なくしたり、集中的なトレーニングをしたりします。

体重を気にしていない人は、ぜい肉がわかりません。文章のぜい肉を意識していない人は、余分な言葉を気にしていないので、繰り返し指摘しています。皆さんもぜい肉を意識してください。

次の文章を読んでください。

◇

高校野球というスポーツは、とても長い歴史があります。日本中のいたるところすべてで、大変多くの高校生が取り組む状況が続いてきました。ところが、最近では少子化ということで生徒数が全国どこも高校で減るような状況になっています。サッカーやバスケットボールというようなスポーツに生徒が流れる傾向も否めません。野球部員は以上に書いたような理由で減っているのはやむを得ないというように私は思います。

◇

193字あります。冗長な印象を持つと思います。深く考えないで書くと、多くの人はこんな文章を書いてしまいます。思い切って削ってみました。

◇

高校野球は、長い歴史があります。日本中で、多くの高校生が取り組んできました。最近では少子化に加え、サッカーやバスケットボールなどをする生徒も増え、野球部員は減っています。

◇

85字の文章になりました。伝えたいことは基本的にこれで十分でしょう。多用しがちな表現がいくつかあります。

１つは「という」です。自分では断定できない伝聞などの場合によく使います。必要な場合には使えばいいのですが、先の文書では「高校野球というスポーツ」「少子化ということで」「やむを得ないというように」と使っています。これらの「という」は、すべて不要です。なくても意味が通じます。完全なぜい肉です。余分かどうかは、「なくても意味が通じるかどうか」で判断します。

文末を簡潔にする工夫も必要です。文章では①「状況になっています」②「傾向も否めません」③「私は思います」などがあります。なくても意味が通じるので、すべて不要です。

①は、状況の説明を強調する表現ですが、「取り組んできました」と書けば十分です。②は、自分なりの思いやこだわりを込めた表現で、「過言ではない」とか「認めざるをえない」とか多くあります。必要に応じて使うことはありますが、ここでは素直に「増えた」とすれば十分です。

凝った表現は、くどくて、持って回った印象を与えます。③は、自分が思っていることを強調していますが、ここでは「私が思っている」ことは自明ですから、不要です。他の全員があることを考え、自分だけが別のことを思っている時に使えばいいでしょう。

◎余計な注釈や言い訳をしない

大学生が就職活動で提出するエントリーシートで、「あなたが学生時代に力を入れて取り組んだことは何ですか」という定番の質問があります。いわゆる「ガクチカ」です。

最初は次のような文章を書く学生が少なくありません。

◇

私が大学生で力を入れて取り組んだことですが、入学するときには公認会計士になるための勉強をしようと、資格取得のためのサークルに入りました。しかし、飲食店でアルバイトをして忙しくなったので、そちらに力を入れました。週5日の勤務で忙しく、仕事を手際よくするにはどうしたらいいか考えて実行しましたが、同僚が協力しなかったので、大した効果はありませんでした。

◇

突っ込みどころは満載ですが、ここでは書き出しに注目してください。質問を繰り返していますが、明らかに不要です。最初からズバリ結論を書くべきです。自分をPRする文章ですから、公認会計士サークルをやめたことは書く必要はありません。

せっかく週5日もアルバイトに精を出したのですから、積極的なことを見つけて書くべきでしょう。とりわけ、「同僚が協力しなかったので」は言い訳に感じますから、書くべきではありません。この文章は、表現以前の自己分析が足りません。エントリーシートでは簡潔で前向きな内容が不可欠です。

社会人でも同様なことはあります。会社で難しいテーマの報告書を求められたり、文章塾で不得意なテーマを出されたりした時、誰でも戸惑います。弱気な本音を書きたくなります。

◇

日本の自動車業界の課題と展望というレポートを書けと指示を受けましたが、これまで自動車業界に関わったことはなく、関心もありませんでした。うまく書けているかどうかはわかりませんが、私なりの結論は「電気自動車の普及で海外勢に先行され厳しいが、特有の高い技術力で逆転できる」ということです。

◇

頼りないというか、素直というか。前半の注釈は不要です。「うまく書けているかどうか」は言い訳に聞こえます。テーマを与えられた以上、まずは次のように言い切りましょう。

◇

日本の自動車業界の課題と展望について「電気自動車の普及で海外勢に先行され厳しいが、特有の高い技術力で逆転できる」と考えます。

◇

これで十分です。１４１字が半減以下の62字になりました。まずは思い切って言い切り、その上で考慮すべき条件などを書いていきましょう。言い切ることで、次の発想が浮かんでくることもあります。

◎接続詞を吟味しよう

文章を書く場合、多くの接続詞を使いがちです。これは書いているとき、自分の頭の中で思考の流れがあり、それをそのまま文章にしてしまうからです。書き手の心情としてはよくわかります。しかし、読み手の立場に立てばどうでしょうか。接続詞はなくても意味が通じることのほうが多いのです。

次の文章を読んでください。

◇

父親から「早く就活をしたほうがいいぞ。本でも読んだらどうだ」と言われた。そして、すぐ大学の本屋に行き、就活コーナーを見回した。すると、思ったよりたくさんの本が並んでした。このため、どの本を選んだらいいのか、迷っていました。そこで、店員に尋ねようと思った。しかし、見当たらない。加えて、知り合いの学生もいなかった。次に、大学のキャリアセンターに相談に行こうと思った。

◇

四角で囲んだ言葉が接続詞ですが、すべて削って読んでみてください。意味は通じると思います。あえて言えば、「しかし」はあったほうがいいかもしれません。

「しかし」は、それまでの文章の流れを変える「逆接」の接続詞です。逆接の場合はあったほうがわかりやすくなりますが、流れが同じ「順接」なら、なくてもわかることが少なくありません。

接続詞はなるべく少なくするように心がけましょう。

5 「ですます」と「である」を混在しない

ここでのテーマは文体についてです。日本語には「ですます調」と「である調」があることを知っていると思います。

前者は「敬体」といわれ、「です」「ます」「でした」「します」「するべきでしょう」「しています」「しました」「しなさい」などと使います。後者は「常体」で、「である」「だ」「だった」「する」「するべきだ」「している」「した」「しろ」などと使います。

話し言葉では、両者が混在して使われています。話し言葉は融通無碍で、柔軟ですから、問題はありません。

書き言葉ではどうでしょうか。文書の種類や状況によって違い、どちらを使ってもいいのですが、ルールがたった1つあります。「混在しない」です。

◎常体と敬体の理解を深める

常体の文末は「ですます」ですから、ていねいで柔らかい印象を与えます。使われる文章の代表例は、ビジネス文書や感想文、お知らせ文、手紙などの文章です。企業や行政、各種団体が、読み手にていねいさや親しみを伝えたい場合に多く使います。

常体は「である・だ」で、強い印象を与え、説得力があります。論文・小論文、やや堅い公的な文書に多く使われます。代表例は新聞です。新聞は日本語表現を扱って150年もの歴史があり、多くの工夫を続けてきました。基本的な「実用日本語」として位置づけられます。テレビのニュース報道は話し言葉の敬体ですから、同じメディアでも違います。

多くの本が出版されていますが、どちらの文体を使っているかは、本によって違います。それぞれの意図があるはずです。本書は文章の書き方をていねいに説明したいという考えから、「ですます」を使っています。書店で本による違いを調べてみるのも面白いのではないでしょうか。混在している本はありませんから、この点も注意してみてください。

一般の人は、意識しないで書くと、混在した文章になることがあります。次のような文章です。

◇

台風接近による大雨で、山間部につながる幹線道路が土砂崩れで寸断された。集落が孤立し、住民約200人が地区の公民館に避難しました。電気や水道も止まりました。消防や警察が出動して復旧を急いでいるが、1週間程度かかると思われる。公民館には備蓄用の食糧や日用品はありません。市役所は県庁とも連絡を取り、ヘリコプターの出動など救出手段の検討に入った。当社の取引先が現地にあり、急いで対応策を考える必要がある。

◇

住民に関わる3か所は敬体、それ以外の4か所は常体になっています。皆さんは「混在しない」というルールを知っているので、すぐに不自然だと気がつくと思います。

しかし、あまり意識ないと、書く場合や読む場合に見過ごすこともあるでしょう。急いで書いていればなおさらです。簡単なルールなので、必ず守ってください。

◎大和言葉と漢語

文体の説明をしたので、もう1つ、文体について触れます。文章を柔らかくするか、硬くするかに関わる表現方法です。

大和言葉は日本古来の言葉で、和語や和文ともいい、漢字は訓読みをします。漢語は、中国から伝来して日本語になった言葉で、漢字の音読みをします。例えば、「決める」と「決定する」、「調べる」と「調査する」などの違いです。

次の2つの文章で差を感じてください。

◇

山田大学は、新しい学部をつくることを決め、学内外の関係者との話し合いを始めた。最も難しい問題は、建てる予定地を買うことで、地権者との話し合いも難しいとみられている。教授を集めるのも難しいとみられているが、山本総長は「決めたことであり、皆さんの協力をなるべく得て、早くやっていく」と話している。

◇

山田大学は、新しい学部の設置を決定し、学内外の関係者との協議を開始した。最大の難問は、設置予定の用地買収で、地権者との折衝の難航が予想されている。教授の招集も困難が予想されているが、山本総長は「決定事項であり、皆さんの協力を極力得ながら、迅速に実行していく」と発言している。

◇

最初の文章は大和言葉を多く使っています。ひらがなが多い柔らかい文章で、読みやすくなっています。身近で親しみも感じます。字数は多くなりますが、柔らかい話題を平易に表現するときに向いています。賀茂真淵や本居宣長ら江戸期以降の国学者が、中国の影響力が及ぶ以前の日本の姿を追求した内容と重なります。

私は入社9年目に週刊誌「AERA」に異動しました。創刊したときで、それまでの新聞記者から雑誌記者に変わりました。記者にとって1番の違いは文章の長さでしたが、2番目の違いは、読んでもらうための努力です。新聞記者は発生したニュースをちぎっては投げればいいのですが、雑誌記者は雑誌を買ってもらい、読んでもらわなければなりません。

そのときの大きな要素が、読みやすい柔らかい文章であり、大和言葉を使うことでした。ひたすらひらがなを使うように心がけました。人間の感情を伝えるには特に効果があると感じました。

一方、後者の文章は、漢語の2字熟語を多く使っています。硬い文体で、読みにくさがあります。重い感じもするので、重厚感のあるテーマを書くときには向いていそうです。より意味を正確に表現したときに有効である場合があります。

例えば、「性質が変わる」は「性質が変化する」、「プログラムが変わる」は「プログラムが変更される」、「街並みが変わる」は「街並みが変容する」などです。漢語のイメージで共通理解がある場合、より有効です。「街並みが変容する」と聞けば、街の要素が複雑に関係しながら全体の様子が変わっていくイメージがあります。建物だけでなく、人や文化も変わっていく様子を想像します。単に「変わる」だけだと、一部が少し変わっただけという印象もあります。

新聞では政治や経済といった硬いテーマのニュースを「硬派記事」ということがあります。次の記事は硬派記事の例示ですが、漢語の表現を多くしています。

◇

岸田文雄首相は20日、米ニューヨークの国連本部で一般討論演説に登壇し、ウクライナ侵攻を続けるロシアを明示して、「威圧による現状変更は、断固容認できない」と強く非難、機能不全状態の国連安全保障理事会の改革を主張した。さらに国際社会がイデオロギーや価値観で「分断」されていると危機感を強調し、『人間の尊厳』に着目し、国際社会が体制や価値観の違いを乗り越えて『人間中心の国際協力』を着実に実行すべきだ」と言明した。

◇

この硬派記事を柔らかくすると、次のようになります。

◇

岸田文雄首相は20日、米ニューヨークの国連本部で一般討論演説をし、ウクライナを侵攻したロシアを名指しして「力ずくで現状を変えることは認められない」と非難した。役に立っていない国連安全保障理事会の改革を訴えた。国際社会がイデオロギーや価値観で違いが目立っているので、「『人間の尊厳』に注目をし、国際社会が違いを乗り越えて『人間中心の国際協力』をしっかり進めるべきだ」と訴えた。

◇

どうでしょうか。厳密にいえば、演説内容なのであまり変えることはできないのですが、内容を柔らかくする例示と理解してください。大和言葉と漢語の違いを意識すれば、文章の様子も変わることを確認してください。

6　話し言葉は基本的に使わない

文章は文字通り、「書き言葉」です。一定の緊張感があり、それによって伝える力が出てきます。

漢語をうまく使えば、説得力が増すことがあります。

一方、話し言葉は柔らかく、くだけています。文節も柔軟で、単語を並べたり、「そう」「違う」「あれ」「これ」と言ったりするだけで通じます。話し言葉を地の文章で使わないのは、当然です。使う場合は、カギカッコでの引用が基本になります。

「書き言葉」は、「大人の言葉」と言い換えることもできます。人生経験の長い大人は、文章を書くとき、地の文で話し言葉を交えることは少ないといえるでしょう。不自然だとわかっているからですが、大学生や若い新入社員は、言語習慣が違うこともあり、無意識に使ってしまうこともあります。スマホの普及でＳＮＳにどっぷりつかり、友達とくだけた言葉で連絡を取っていると、書くときにも使ってしまいます。

文章によっては、話し言葉をあえて使うケースはあるでしょう。説明をつけて使えば、読み手も理解できるし、不自然に思わないこともあります。地の文では「基本的に使わない」と理解してください。

◎親しき中にも礼儀あり

話し言葉をたくさん使った文章を書いてみました。どんな印象を受けるでしょうか。

◇

一人暮らしの大学生［だけど］、世界のエネルギー事情とかが［めちゃくちゃに］なって、電力が足りなくなるとニュースで知って、マジであせった。やれやれ。今の生活のままじゃあ、絶対にヤバイ。節電をしないと。エアコンと電気ストーブはボロだし、電気をくうものはみんなダメだ。あーあ、どうしよう。親に聞いたら、「自分で考えろ。カネは出せん」としか言わん。なので、ブチ切れた。

◇

少し極端な文章ですが、どうでしょうか。さすがに誰かに見てもらう文章でここまで書く人はいないと思いますが、話し言葉を使うことは、親しい人に対しても礼を失しかねないといえるでしょう。硬く書くと、次のような調子になります。

◇

一人暮らしの大学生だが、世界のエネルギー事情の悪化で、電力が足りなくなるとニュースで知り、真剣に考えた。ため息も出た。今の生活を続けるのは難しく、節電をする必要がある。エアコンと電気ストーブをはじめ電気を多く消費する機器はすべて古い。仕方なく親に聞いたら、「自分で考えて。カネは出せないから」としか言われず、少し怒りがこみ上げてきた。

◇

面白みのない嫌いもあります。しかし、人に見てもらう、多少でも公的な性格のある文章は、まず正確な事実を伝えることに主眼があります。そこに状況や感情を一定の品位を持って伝えていきます。

最初に書いた話し言葉満載の文章も魅力はあります。喜怒哀楽の感情が、いろいろな表現で伝わってきます。文章の中で「ニュースを知って『マジか』とあわてた」といったカギカッコ付きの表現なら十分に使えるでしょう。

話し言葉をどう使うかは、「時と場所と場合」、つまり「ＴＰＯ」によるのです。親しい相手、手紙のような私的な文章、カジュアルなやりとりなど、それぞれに応じて許容範囲が違ってきます。

文書は誰かに何かを伝える手段です。読み手を意識することは常に重要です。親疎の関係を適切に見極めることは、文章上達の基本にもなります。

◎広辞苑などに見る新語

言葉は常に変化しています。時代によって新しい表現が生まれるのは宿命でもあります。自然淘汰されるのは、生物の世界に似ています。新語は主に話し言葉から生まれ、書き言葉として定着するかどうか、という生態をたどります。新語をうまく文章に使うことで、文章の魅力が増すことも多くあります。

新語で話題になるのが、「広辞苑」（岩波書店）です。１９９５年に初版を発行し、10年ごとに改訂しています。現在は２０１８年に発売された第7版が最新で、その時に追加されたおもな現代語は、次の通りです。

◇

朝ドラ、安全神話、いらっと、上から目線、がっつり、口ぱく、小悪魔、ごち、小腹がすく、婚活、自撮り、卒乳、立ち位置、ちゃらい、乗り乗り、万人受け、惚れ直す、無茶振り

◇

「なるほど」といった思いや様々な記憶がわいてきそうです。「ちゃらい奴に上から目線で言われて、いらっときた。友達にかつ丼をごちになって、がっつり食べた」。そんな文章を思いつきました。人名では、漫画家の「赤塚不二夫」、アメリカ大統領の「オバマ」、ノーベル文学賞の「アレクシエービッチ」らが新たに掲載されました。

新語では毎年12月に発表される「新語・流行語大賞」も関心を集めます。1984年から始まりましたが、この年の新語最高賞は「オシンドローム」が受賞しました。当時放映された「朝ドラ」(NHKの連続テレビ小説)の「おしん」から生まれた言葉です。苦労し、たくましく生きた女性の一代記で、人気を博しました。1993年は「Jリーグ」で、完全に定着しています。

2010年以降で口語的な言葉を選ぶと、「ゲゲゲの~」(2010)、「ワイルドだろぉ」(2012)、「今でしょ!」「じぇじぇじぇ」(2013)、「神ってる」(2016)、「インスタ映え」(2017)、「そだねー」(2018)があります。

2020年は新型コロナウイルス関連の「三密」、2021年は大リーグ大谷翔平選手の活躍で「リアル二刀流/ショータイム」、2022年はヤクルト村上宗隆選手の最多本塁打記録で「村神様」でした。村上選手は2023年、前年のように活躍できませんでしたから、「村神様」はあまり聞

かれませんでした。盛衰があります。

こうした新語を使えば、文章の新鮮さが増し、躍動感につながることもあります。どう使うかは、筆者のセンスにかかってきます。失敗するリスクもあります。

いずれにしても新語に対する感度を磨いておくことは、語彙を大切にすることにつながり、文章を書く人は心がけたい姿勢です。

7　外来語は避け、基本的に日本語で

日常生活には外来語があふれています。テレビや電子レンジといった歴史のある家電製品は定着しています。野球のバットやストライク、サッカーやバスケットボールのシュートやパス、マラソンやハードルといったスポーツ関係は、多くの人に身近で、おおむね理解できます。スマホやアプリの歴史は古くありませんが、身近になっています。

日本語で表現できる言葉がない場合もあります。こうした外来語は使っても問題ないでしょう。

しかし、限られた世界で使われる言葉は、注意が必要です。専門用語の類です。関係者向けの文章ならいいのですが、一般向けで、詳しくない人も読む場合、伝える意味合いが減ってしまいます。悪い印象を持たれることもあるでしょう。

ここでも読み手との距離を測る感覚が必要になります。

◎腹落ちする日本語を使おう

外来語がもっともよく使われている分野の1つに「経営＝ビジネス」の世界があります。特にコンサルティングの世界で顕著です。業界のホームページでは次のような言葉が飛び交っています。

◇グローバルとローカルの深いナレッジを組み合わせ、クライアント企業のサステナブルでインクルーシブな成長の実現をサポートします。クライアントとのコラボレーションを通じて、すべてのステークホルダーにベネフィットをもたらすことをめざしてアプローチし、ソリューションを提示します。ダイバーシティに富むチームは、グループケイパビリティを活かした変革を実現することにパッションを傾けています。最先端のマネジメントコンサルティング、テクノロジーとデザイン、デジタルトランスフォーメーションで、各エンティティの枠を超えたインパクトを創出します。

特定のホームページから転載したわけではなく、よく出てくる外来語を組み合わせたものです。すべて日本語に置き換えると、次のようになります。

◇世界規模と地域の深い知識を組み合わせ、顧客企業の持続可能で包摂的な成長の実現を支援します。顧客との協働を通じて、すべての利害関係者に利益をもたらすことをめざして対応し、解決策を提示します。多様性に富む集団は、組織の能力を活かした変革を実現することに情熱を傾けています。最先端の経営技術、技術と意匠、デジタル転換で、各組織の枠を超えた衝撃を創出します。

◇

多少無理がないではありませんが、どうでしょうか。２６３字だった字数は１７５字に減りました。外来語を避けたい理由は、「わかりにくいから」が第１ですが、より本質的には、腹落ちしないまま、何となくわかった気になってしまう弊害があるからです。

例えば「ソリューション」という言葉です。ビジネスではよく使われ、組織の名称として採用している企業もかなりあります。単に製品を売って終わりではなく、その後もサービスも含めて顧客の課題を解決します、という意味を込めた言葉です。組織名を変えた当初は趣旨を共有していたとしても、時間がたてば狙いがあいまいになることもあるでしょう。

経営の世界で外来語が多くなるのは、経営学がアメリカで発達した学問という事情もあります。新しい概念を学者らが次々と考え出し、アメリカ企業が採用して成功し、世界に広がるという構図です。日本は明治維新後の文明開化期、海外の概念や技術をどんどん導入しましたが、多くは日本語に置き換えました。

しかし今は、英語をそのまま使う傾向が強くなっています。外国系が多いコンサルティング会社が、業務を日本企業に売り込むため、せっせと外来語を使い、広まっているのです。

外来語をどこまで使うかは、最終的に筆者が総合的に判断すべきですが、「抑制的に使うべきだ」というのが私の考え方です。

◎新外来語を追う

外来語に対する感度は、前節で紹介した新語同様、大変重要です。社会を測るアンテナそのものです。世界では日々新しい動きがあり、新しい言葉が生まれています。デジタル技術は非連続的に発達しますが、社会や人間の変化はどちらかといえばアナログです。産業革命後、欧米各国が先進国となって影響力を拡大しましたが、今でも欧米から発信される思想や文化が少なくないのはアナログ的現象です。

少し前になりますが、国立国語研究所は2006年、広く使われている外来語を選んで言い換え提案をしました。行政文書は広く国民に理解されなければなりません。国語審議会が提言する「平明で、的確で、美しく、豊かである」という言葉を目指して、言い換え集をまとめました。「アーカイブ」「アイデンティティー」に始まり、「ワークショップ」「ワンストップ」まで176語について提案しました。例えば「アイデンティティー」の言い換えは「独自性」と「自己認識」。説明は「他者とは違う独自の性質。自分を他者とは違うものと考える明確な意識」としました。手引きとして「変わらない確かな自分を意識している場合は心理学の専門語である『自己同一性』、自分が帰属する社会などを意識している場合は『帰属意識』ということができる。正確な概念を伝えたい場合は、説明を付与するのが望ましい」と書いています。

当時、外来語の定着率の調査もしました。前段で紹介した「グローバル」は、認知率77％、理解率41％、使用率27％でした。「ソリューション」はそれぞれ、12％、5％、3％でした。今はもっと上がっていると思われますが、興味深い内容です。さらに関心のある方は、国立国語研究所のホームページを見てください。

2018年に発行された最新の広辞苑で追加された主な外来語は、次のようなものがあります。「アプリ」「イップス」「エコバッグ」「カルチャースクール」「キーマカレー」「クールビズ」「クラウド」「グランドデザイン」「コインパーキング」「サプライズ」「スピンオフ」「スマホ」「スルー」「デトックス」「ネイルサロン」「ハニートラップ」「バリスタ」「ビッグマウス」「フードコート」「ブロガー」「メアド」「リマインド」「レジェンド」

ビジネスに限らず、医療、生活、文化、ネットなど多くの分野にあります。1つひとつ読んでみると、それぞれに思い出がよみがえってきそうです。新語や外来語は、これまでにない概念を含んでおり、脳に新しい風を吹き込ませてくれることがあります。

外来語への関心を高めることは、自分の意識を広げることにもつながります。

「外来語」という定義とは少し違いますが、なじみのある「外国の地名」も時代によって変化します。2022年以降、世界で大きな2つの戦いが始まりました。戦場は主にウクライナ、パレスチナのガザ地区です。地名を知ることは世界をより深く理解することにつながります。

8　言葉の重複は避ける

同じ言葉が何回も出てくると、冗長な印象を与えます。文章に慣れていない人は、気にならないこともありますが、書き慣れた人はくどく感じます。（4）で取り上げた「余計な言葉は省く」と似ています。

余計な言葉を「ぜい肉」とすれば、こちらは「小骨」のような存在ですが、文章作法に詳しいかどうかが問われます。

◎「重言」に注意しよう

重言は、意味が重複する表現をさします。「馬から落馬する」「違和感を感じる」「あらかじめ予告する」「従来からの方法」などです。言われてみれば意味が重複しているとわかりますが、何気なく使ってしまうことがあります。

次の文章はどうでしょうか。

◇

各都道府県ごとに病院関係の諸先生方が集まって、第1日目の議論を始めた。人数は約300人くらいいる。まず最初に登壇した医師は、「アメリカに住む旧知の知人の訃報のお知らせがあり、元旦の朝、アメリカに渡米することになった。事前予約なしに空港に駆け付け、飛行機に乗った。あわてていたので、頭痛が痛くなった」と最近の近況報告をした。

◇

たくさんの重言を書きました。正しくは次の通りになります。

◇

都道府県ごとに病院関係の先生方が集まって、第1日の議論を始めた。人数は約３００人いる。最初に登壇した先生は、「アメリカに住む旧知の人の訃報があり、元旦、渡米することになった。予約なしに空港に駆け付け、飛行機に乗った。あわてていたので、頭が痛くなった」と近況報告をした。

◇

「各都道府県ごと」は「各都道府県」、「諸先生方」は「諸先生」、「第1日目」は「1日目」、「約３００人くらい」は「３００人くらい」でも構いません。次の文章は重言ではありませんが、重複して使いがちな例です。

◇

スマホ選びで大切なことは、何だろうか。Aポータルサイトを見たら、山田大学の佐藤教授が、スマホのデザインがいいこと、価格が安いこと、そのスマホで自分が満足して豊かに感じるということをあげていた。光熱費の増加と交通費の増加で家計は苦しくなっている。Aポータルサイトにあった山田大学の佐藤教授のアドバイスの中から、安いことを重視したいように思うところだ。

◇

「スマホ」や「こと」、人名などが重複しています。その他の回りくどい表現もあって、全体に冗長になっています。次のようにすっきりしましょう。

◇

スマホ選びで大切なことは、何だろうか。Aポータルサイトを見たら、山田大学の佐藤教授が、デザイン、価格、自分が満足して感じる豊かさをあげていた。光熱費と交通費の増加で家計は苦しくなっている。アドバイスの中から、価格を重視したい。

◇

字数は174字から113字に減っています。簡潔な文章は、わかりやすい、字数を減らし内容を豊かにできる、読み手にいい印象を与える、など多くの利点があります。常に心がけてください。

◎「公用文作成の考え方」を参考にしよう

政府の文化審議会は2022年1月、「公用文作成の考え方」を発表しました。同じような文書をまとめたのは、1952年以来なので、実に70年ぶりの改訂になります。皮肉で「お役所文書」という場合、突っ込まれないように内容をあいまいにし、意図的にわかりにくくすることをさします。

しかしこの文書は、外国人など読み手の多様化を念頭に置いて、識者が「より伝わりやすく親しみやすい文書」を目指して知恵を絞ったものです。大いに参考になります。新聞が実践している内容と重なります。この本を書くときも参照しました。

この文書は、公用文作成の基本的な考え方について、「読み手に伝えるため、正確に、わかりやすく、気持ちに配慮して書く」としています。表記の原則や用語の使い方が、細かく載っています。関心のある方は、「文化審議会／公用文作成の考え方」でネット検索してください。そのまま皆さんの実践に使えるはずです。

文章塾の添削経験から、不適切な表現が多い表現を最後に記します。常用漢字表に使える漢字があってもひらがなで書くケースです。「公用文作成の考え方」では次の通りになっています。新聞でも同じ方針です。

「位→くらい」「等→など」「程→ほど」「～の様だ→～のようだ」「事→こと」「時→とき」「物・者→もの」「為→ため」「故→ゆえ」「共→とも」「又→また」「居る→いる」「出来る→できる」「成る→なる」「在る・有る→ある」「無い→ない」「但し→ただし」「外・他→ほか」「余り→あまり」「既に→すでに」「直ちに→ただちに」

以上は一部です。条件によっては漢字を使えることもあります。真剣に考えると悩むこともありますが、記者時代の鉄則は「迷ったら、ひらがな」でした。紛らわしい漢字より、ひらがなのほうが、わかりやすく伝えるという文章の趣旨にあっているからです。迷ったら、ひらがなで書きましょう。

常用漢字は、現代国語を書き表す場合の目安になる漢字で、２１３６字（２０１０年内閣告示）あります。日本新聞協会は常用漢字から少し増減させて新聞常用漢字表を作成し、新聞各社はこれを参考に決めています。人名に使える漢字は常用漢字に８６３字（２０１７年改正）を加えています。漢字はこの範囲で使いましょう。

（番外）書いたら必ず読み直す

どんな名文家でも1回書いただけで完璧な文章にはなりません。必ず読み直します。

「推敲する」という言葉があります。「僧は推す月下の門」という詩について、「推（お）す」を「敲（たた）く」とすべきかどうか悩み、名文家に聞いて、「敲く」に改めたという中国の故事に由来しています。文章をよく吟味して練り直すという意味です。

この語源からもわかるように、「推敲する」ことは、表現の内容にかなり踏み込むことを意味します。この番外でいう「読み直す」は、そこまでいきません。新たな気持ちで最初から最後まで読んでみるという程度です。

・読み手の立場になって読み直す

読み直すときの注意があります。読み手の立場に完全になることです。集中して書くと、体や心は書き手のままです。そこで急いで読み直しても見落とすことがあります。まず深呼吸をして、体の中の空気を読み手の感覚に入れ替えます。まっさらな意識です。

最初に誤字・脱字はないかを点検します。初歩的なミスは個人の知的信用にかかわります。続いて、この章であげた8か条に沿って確認します。文は短いか、主語と述語は離れていないか、句読点と段落分けを適切にしているか、余計な言葉はないか、文体を混同していないか、話し言葉はないか、過剰な外来語はないか、言葉の重複はないか。すべてを貫く原則は、読み手の立場で意味がしっかりわかるかどうか、です。

わかりにくかったり、回りくどかったりする場合は、文を分けたり、言葉を省いたりしましょう。余分な言葉は削って、なるべく美しい文章にしましょう。

余裕があれば、誰かに読んでもらいましょう。報道機関がニュースを流したり、出版社が書籍を発行したりする場合、専門のデスクや校閲担当者が必ずチェックします。書き手だけでは、ミスを完全に防げないという発想に立っています。

この章の8か条を守り、読み直して修正をすれば、メッセージを伝えるという意味では、合格点の文章を書けると確信します。内容を深めたい場合は、第4章と第5章を参考にしてください。

・読み直すことの価値

これまで自分が直前に書いた文章を読み直す重要性を書いてきました。読み直すことの価値は、他の領域でも非常に高いのです。1つは他人の文章、もう1つは自分が過去に書いた文章があります。

他人の文章の代表として、過去に読んだ本があります。読み終わった直後なら、書いてあったことをある程度覚えていると思います。自分が本当にいいなと思った文章は、ずっと覚えておきたいものです。どうすればいいでしょうか。大切な箇所に線を引いて読み、その中からいいものを選び、何回も読み直すことが最適ではないでしょうか。読み直すことで、身体に血肉化するのです。江戸時代の日本人が論語を暗唱したように、折に触れて読み直すことで、心を磨くことができます。座右の銘にもなります。

自分がいいと思う本は、見やすい場所に置いておくといいでしょう。少し時間がある時に読み直してみる効果は小さくないでしょう。ふだんの会話で使ってみれば、より自分のものになります。思考と行動を正しく保つことができるでしょう。

自分が過去に書いた文章はどうでしょうか。日記が代表的ですが、書く時に人には言えない自分の素直な気持ちを書いておくと、後で読んでインパクトがあります。恥ずかしくなることもあると思いますが、そこは前向きに考える必要があります。「そうか、あのときはそんなことを思っていたのか。今はそんな風には思わないな」と自分の成長を確認する機会にすればいいのです。自らを省みて、好ましい変化を探し出し、次につなげるという発想です。

日記以外の文章でも同様です。企画の提案書を読んで見れば、当時は足りなかった自分の能力や経験、知識がわかるでしょう。逆に「当時のほうがすごかった」と感じるかもしれません。これも自らを省みるいい機会です。単に思い出に浸るだけでも意味があります。

文章をたくさん書けば、読み直す機会も増えるのです。赤面する場面が多くなるかもしれませんが、成長や変化を知ることも多くなります。初級8か条を念頭にどんどん書いてみましょう。

第3章　ビジネス文書の効果的な作成方法

1　ビジネス文書の種類

ビジネス文書にはいろいろな種類があります。業界や会社などによって違いますが、どんなビジネス文書でも、第2章の基礎知識をしっかり実践できていれば、大きな問題はなく、一定の水準に到達します。ビジネス文書の作成に経験がものをいうことは事実ですが、だからといって恐れることはありません。

まずビジネス文書の種類からみていきましょう。大きく分けると、報告文書と提案文書に分類できます。

◎報告文書は正確第一

報告文書とは、一定の内容を伝えることを主眼とする文書です。報告系文書の基本は、正確さです。過不足ない情報を適切に文書にする必要があります。数字や固有名詞の誤りは致命的になります。

代表的なものとして、次の3つをあげることができるでしょう。

▽事務連絡中心の電子メール＝この章の最後で詳しく説明します。新入社員が最初に悩む関門です。

会社によって違う場合もありますが、一定の形式を踏まえて、柔軟な書き方が必要です。

▽各種の報告書＝情報を伝える文書で、無数にあるといっていいでしょう。報告の目的に応じて、

ふさわしい書き方が求められます。メリハリや力点の置き方も重要になります。

▽議事録＝役員会をはじめ、各種会議の議事録です。発言をすべて正確に書く場合と要約を書く場合があります。デジタル化も進んでいますが、要約するときには、正確さに加え、発言の軽重を判断する必要があります。

このほか、契約書、請求書などの取引関係の文書、会計帳簿や財務報告書、予算などの財務文書、社内の規則や手順などの社内規定関連文書などがあります。これらは、決められた書式があるので、それに沿って作成することになります。

総務、法務、顧客窓口、企画、営業、開発、製造、研究など部署ごとの報告文書があります。企業活動は文書を基本に展開されているといって過言ではないでしょう。

◎報告文書の実践

例えば、食品メーカーの顧客窓口に次のような電話がかかってきたら、どんな報告を書くべきでしょうか。

「A町2丁目のBだが、おたくの食品をきのうCスーパーで買って食べたら、予想以上においしかった。しかし、10歳の息子が下痢と腹痛を訴えた。息子はサッカーチームで頑張っているので、いつも元気なのに。近くのD医院に行ったら、食中毒ではないかと言われた。去年も別の会社の食品で腹痛になった。賞味期限が書いてあった袋は捨てた。謝って返金して欲しい」

必ず報告すべき事項で、間違ってはいけない情報は何でしょうか。省いても構わない情報は何でしょうか。危機管理の感覚も問われますが、当事者の住所・氏名、買った日時、症状、診察結果、賞味期限の袋、謝罪と返金の要求は、必要事項です。「おいしかった」「サッカーで頑張っている」「去年の腹痛」は、必ずしも必要ではない参考事項でしょう。次のような報告になります。

「A町2丁目のBさんから電話。弊社の食品を昨日、Cスーパーで購入し、10歳の息子さんが下痢と腹痛を訴えた。D医院は食中毒の可能性と診断。賞味期限の資料なし。謝罪と返金を要求（参考情報＝昨年も他社製品で腹痛）」

A～Dの固有名詞は絶対に間違ってはいけません。間違っていると、その後の対応に大きな影響が出ます。

◎提案文書の第一は説得力

提案文書は、具体的な行動を促す文書です。先に説明した報告文書は企業活動の基盤となります。提案文書は、常に変化に対応することを迫られている企業の将来に関わる重要な内容を含みます。目的は行動を促すことですから、新しい行動をしたり、今の行動を改めたり、関係者が何らかの動きをすることになります。

人は納得しなければ、いい動きはできません。説得力が重要になります。こちらも無数にありますが、次のような文書をあげることができます。

▽全社レベルの基本文書＝社是、経営理念、フィロソフィーなど。会社によって名称は違うが、トップがコミットし、時間をかけて作成した一種の哲学的な文書。社員の行動を規定するので、社員が腹落ちする内容かどうかがポイント。

▽全社レベルの計画＝経営戦略や中長期の計画など。会社によって形式は違うが、売上高や利益の数字を含んで社内外に表明する計画が一般的。実際の事業への影響が大きく、現実的で創造的な内容が求められる。

▽新規事業の計画・提案＝企業は常に新しいプロジェクトに取り組む必要がある。新規事業計画は、ヒト・モノ・カネという経営資源の再配分に関わり、企業の将来に影響を及ぼすので、関係者の納得が最も必要です。

▽部や課ごとの行動計画・現場の改善計画＝総務、企画、営業、開発、製造、研究など部署ごとで内容は違いますが、どの部署でも行動計画は必要で、改善事項は常にあります。部内の合意がポイントです。

▽職場の改善提案＝特に職場の環境改善は、現場で働く人のモチベーションに関わってきます。簡単なことなら口頭で済みますが、カネがからめば文書が必要になる可能性が高まるでしょう。文書にしようとすると、思考を整理しますから、説得力を高めるチャンスにはなります。

それぞれに応じた書き方の理解が必要です。

2　魂をどれだけ入れるか

ビジネス文書の共通点は、すべて会社の収益につながっていることです。濃淡はありますが、企業活動と切り離せない以上、すべて緊張感を持って作成しなければなりません。魂を入れて書かなければなりません。

前節で取り上げた報告文書は、主に「過去」と「現在」に関わっています。同じく提案文書は、主に「未来」と関わっています。それぞれ魂の入れ方は違いますが、順次検討していきましょう。

◎報告文書の魂の入れ方

報告文書の代表例として、事務連絡中心の電子メール、各種の報告書、議事録をあげました。その他として、契約書など取引関係文書、会計帳簿や財務報告書など財務文書をあげました。報告文書に魂を入れるという表現は、少し大げさに聞こえるかもしれませんが、取引書類や財務文書に誤りがあっては、自社に損害を与えかねません。報告文書の基本は正確さなので、正確を期すための魂は不可欠です。

一方、取引書類や事務文書は、関係者による入念な確認作業があるのが通例なので、誤りの可能性は小さいともいえます。ここでは若い社員が任されることが多い議事録を取り上げます。発言の全容ではなく、重要なポイントを書き残す要約型の議事録は、会議の流れをよんで、簡潔にまとめるスキルが問われます。物事をバランスよく見る力も大切です。議事録は上司が見ることが多いので、若い人は試されます。

新規事業を実行するかどうかを決める部内会議で、決定権を持つ部長の次のような発言は、どうまとめるべきでしょうか。

◇

「若い担当者のプレゼンを聞いた。高齢者が増えている社会構造の変化、家計が将来への不安を強めている市場の動向、この事業で先行する競合他社の状況をみれば、短期間で利益が上がるとは考えにくい。リスクは小さくない。慎重にならざるを得ない。しかし、何もしないリスクもある。失敗も覚悟しながら実行してみて、いろいろな情報やネットワークを得るという選択もある。何より、担当者には会社員生命をかけるという熱意がある。会社として応援したいので、この新規事業は実行する。ただし、どんな条件ならいつ撤退するかという歯止めも必要だ。今月末までに撤退基準を出して欲しい」

◇

要約型の議事録は、どの部分を強調するかでニュアンスが変わることがあります。

【議事録1】

「社会構造の変化、市場の動向、他社の状況をみれば、慎重にならざるをえない。しかし、担当者に熱意がある。撤退基準を出して欲しい」

【議事録2】

「リスクは小さくない。しかし、実行して情報やネットワークを得る選択もある。いつ撤退するかという歯止めも必要だ」

【議事録3】

「リスクは小さくないが、情報とネットワークを得る選択もある。担当者の熱意もある。実行する。今月末に撤退基準を出して欲しい」

どの議事録が適切でしょうか。この会議の核心は、新規事業を実行するかどうかですから、「実行」を明記した「議事録3」が最も適切です。実行するのかどうかわからない「1」と「2」は、議事録の意味をなしません。

会議にはいろいろな内容や段階があります。議事録を担当する場合、会議の焦点を事前に調べておく必要はあるでしょう。会議後に発言内容を出席者に確認すれば、的外れな議事録をまとめる可能性は減るでしょう。いずれにしても魂を入れなければなりません。

◎提案文書は魂そのものの勝負

提案文書は未来をつくる文書ですから、報告文書以上に魂を入れる必要があります。日本経済は長く低迷していますが、それだけに企業はイノベーションを求められています。提案文書は、社是など全社レベルの基本文書、中期経営計画など全社レベルの計画、部や課ごとの行動計画などがありますが、ここでは「新規事業の計画・提案」を取り上げます。「自分はこうした夢に挑戦してみたい」「こういう事業をやってみたい」というイノベーションの起点です。人生をかけて魂を入れる価値があります。

一般的な新規事業計画をつくるプロセスに沿って、必要な文書を考えていきます。自分たちの考え方を整理し、その後の提案資料の基礎にもなります。必要な視点は、「過去」「現在」「未来」に分けて考えることです。

言い換えれば、「これまでどうだったか」「今はどうか、何が課題か」「これからどうしたらいいか」という考え方です。雑多な情報を集めて、脈絡なく書いても説得力は持ちません。時系列を踏まえて未来を見通すシナリオを常に意識すべきです。

☆アイデアづくり

新しい事業を始める理由やイメージを固めます。情報を集める必要があります。社会課題や市場のニーズについて、公的文書、研究機関やコンサルタントの報告書や分析、社内外の関係者のコメントなどからまとめます。最初は多めに集め、だんだん要点を絞っていきます。チームのブレーンストーミングも重要です。ポイントを列挙して、議論の段階に応じて絞り込んでいきます。

まとまったアイデアは、文字だけでなく、イラストや図表にもしましょう。将来の提案材料の基礎になりますから、わかりやすく、訴求力のある内容を目指しましょう。

☆市場調査

アイデアを前提に市場の規模、競合する他社、顧客の具体的ニーズ、トレンド、市場の成熟度などを調査で詰め、事業の実現可能性を考えます。

自覚しておきたい点は、市場調査で答えは出ないということです。どんな事業も困難が伴います。実際の事業は、困難に対してどんな手を打つかという自分たちの行動が決め手になります。

市場調査は静態的ですが、実際の事業は動態的ということを踏まえて文書をつくります。

☆ビジネスプラン

事業の戦略、目標、年次ごとの事業・財務計画、マーケティング戦略、組織構造など詳細な計画にします。戦略をつくる段階では、自分たちの強みや弱みを分析する「ＳＷＯＴ分析」、マーケティングではセグメンテーション（市場細分化）、ターゲティング（標的の市場選定）、ポジショニング（独自の認知確立）といったプロセス、「４Ｐ分析」（プロダクト、プライス、プレイス、プロモーション）など基礎的な手法も活用できます。

文章表現より、全体を構成するデザイン力が重要になります。

☆社内説得

社内手続で了解を得る材料です。ある意味、もっとも重要な文書、プレゼンテーション資料になります。立派なビジネスプランができても、承認されなければ実行できません。基本的には採算が重視されますが、会社の将来やブランドへの貢献、担当者の熱意なども問われるでしょう。必要なデータを適切に活用し、説得力があり、わかりやすいストーリーが決め手になります。

この他、資金調達、法人を設立する場合、設計・製造をする場合には、そのための文書が必要になります。事業を始めれば、運営のための資料を日々つくることになります。ビジネスと文書は一体です。

◎「MBB」で思いを重視しよう

新規事業計画に代表される提案文書で、説得力を高めるカギは何でしょうか。「MBB」という言葉を考えて欲しいと思います。「Management By Belief」の略で、「思いのマネジメント」と訳します。

バブル崩壊後、「MBO」(Management By Objectives＝目標管理)という成果主義が流行しました。社員が成果をあげることは当然ですが、その過程の管理が行き過ぎて、自分だけの成果をひたすら追求する気運も生まれました。「MBB」はそうした風潮への対抗概念で、ビジネスパーソンの思いを重視します。

考案したのは野中郁次郎一橋大名誉教授、徳岡晃一郎多摩大学大学院名誉教授です。バブル崩壊後の日本経済の低迷は、「過剰計画、過剰規制、過剰分析」があるとみており、もっと個人の思いを大切にしようというメッセージが込められています。

バブル崩壊後の経営者は、リストラに終始し、リスクを取らない傾向があると指摘されています。

そうした流れを変え、日本経済を浮揚するには、個人の思いや起爆力が待望されています。思いだけで成功するわけではありませんが、強い思いがなければ、多くの困難を乗り越えて成功することはできないでしょう。

ビジネス文書、特に提案文書をつくるときには、皆さんが強い思いを持ち、その思いをぶつけて書いて欲しいと思います。

3　ビジネスメールの書き方

ビジネスメールは、ビジネスパーソンなら日々やり取りしているはずです。基本は「用件をわかりやすく伝える」ですから、特別なことはありません。用件を伝えて、ビジネスを前に進めるための手段です。一定の社会人経験のある人ならこれまでの経験に沿ってやりとりすればいいのですが、慣れていない新入社員にとってはやや難問かもしれません。

◎基本のスタンスと文章

基本スタンスは「ていねい、謙虚」です。メールで気を使うのは、社外なら取引先や関係先、社内なら上司や他部署に出す場合です。かしこまって出しますから、「ていねい、謙虚」は、はずせません。文章の基本は「わかりやすく、簡潔」です。1章以降ずっと説明してきましたが、まったく変わりません。

ただ、相手に失礼にならず、用件を効率よく伝えるための一定の形式があります。基本の形式さえ頭に入れておけば、状況に応じて柔軟に対応すれ場いいのです。

若い人が悩むのは、どこまでていねいに書いたらいいのかという点です。言い換えれば、尊敬語や謙譲語をどう使うべきかとなります。よくわからないので、過剰に尊敬したり、謙譲したりした言葉を使い、自分でも混乱してしまうことがあります。

・過剰なていねいさは逆効果

過剰にていねいな文章は、内容をあいまいにします。特に「頂きます」「頂きたい」「頂ければ」といった「頂き」という言葉を使いがちです。謙遜の気持ちがあるのはいいのですが、読みにくくなります。例えば、最初と最後に「頂き」を使い、それ以外は通常の文を書く方法があります。

気を使いすぎることはありません。ていねいで謙虚な姿勢があれば、文面ににじみ出ます。細部に神経を使って、用件を伝えるというメールの役割を損なっては本末転倒です。

メールの基本要素は８つです。この８つを押さえておけば、大丈夫です。メールの形式に気を遣うより、用件の内容を改善したり、ビジネスを前進させたりすることに力を使いましょう。

８つの基本要素といっても、常に守るわけではありません。相手とのコミュニケーションが十分にできていれば、例えば５つの要素で済むこともあります。基本を押さえた上で、個別ケースに応じて柔軟に対応することになります。

◎ビジネスメール8か条

ビジネスメールを出すときの8つの要素は、次の通りです。「ビジネスメール8か条」として示します。サンプルと対比しながら確認してください。

サンプルの後で、8か条について詳しく説明します。

①「タイトル」でポイントを伝える。
②「あて名」は正式名が基本
③「あいさつ」はシンプルに
④「自己紹介」は柔軟に
⑤「要旨」で全体像を示す
⑥「詳細」で簡潔に示す
⑦「結び」と「署名」
⑧知っておきたい技法

サンプルはあくまで基本の「形」です。メールは単なる手段ですから、形を知らなくてもビジネスが前に進めば、それでいいのです。形を知った上で、状況に応じて変化させるという意味で、形を知っておく意味はあります。

【メールの文面例】

①タイトル　次回打ち合わせの日程について
②あて名　　株式会社東京商事　企画部次長　山田太郎様
③あいさつ　いつもお世話になっております。
④自己紹介　品川製作所株式会社　第一営業部の鈴木一郎です。
⑤要旨　　　新製品の概要が決まりましたので、次回打ち合わせ
　　　　　　を下記の通り、３月15日に開きます。ご確認ください。
⑥詳細　　　日時：３月15日午後２～３時
　　　　　　場所：品川製作所東京本社６階Ａ会議室
　　　　　　　　（住所：東京都品川区ＸＸＸ）
　　　　　　議題：新製品の紹介、御社の要望ヒアリング
⑦結び　　　問い合わせなどは３月10日までにお寄せください。
　　　　　　よろしくお願いいたします。
⑦署名　　　品川製作所株式会社　第一営業部次長　鈴木一郎
　　　　　　〒１４０－００００　東京都品川区×××
　　　　　　メール　×××　電話０３－×××
　　　　　　携帯０９０－×××　ＨＰ　×××

◎ビジネスメール8か条の解説

①「タイトル」でポイントを伝える

相手が最初に読むことになります。可能な限り、案件の全体像を簡潔に示し、早く理解してもらうようにします。用件を速やかに理解してもらえれば、相手も処理しやすく、返信も早くなります。相手のストレスは小さく、こちらの印象もよくなります。同じテーマで返信する場合は、改めてタイトルを書かなくても「Re:」の返信もでき、一般的です。

「Re:」があまりにたくさん続くと、見た目もよくないので、タイトルをつけ直してもいいでしょう。

【重要】や【至急】をつける場合もありますが、よく吟味しましょう。押し付けや不快感をもたれては逆効果です。初めてのメールではつけないほうがいいでしょう。何回かやり取りして、お互いに「重要」や「至急」と共通理解していれば構いません。

適切なタイトルと不適切なタイトルを見ていきましょう。キーワードや数字が明確で、具体的かどうかが問われます。

× 現状について＝何の現状かわからない

× 山本です＝名前だけでは用件がわからない

× 先の件について＝先の件は何か、その内容が不明

× お礼です＝何のお礼か不明の場合がある
× イベント報告＝何のイベントか、イベントの何の報告か不明
○ 新しい見積もり送付＝用件が具体的になっている
○ 4月1日の大阪イベントの提案＝日付、場所、内容がわかる
○ A製品の納期変更＝用件がはっきりしている
○ B報告書受領の報告＝同
○ C請求書の確認＝同

②「あて名」は正式名が基本

あて名は、自分あてに来たことをわかってもらうことが狙いです。PR用など多くのメールが来ます。氏名を明記して、早く読んでもらうことが基本になります。

最初に出すときは、正式名称を書きます。会社名、役職名、氏名、敬称（様）で、名刺に載っている内容になります。当然ですが、間違ってはいけません。社名に「株式会社」が入る場合、先付と後付があるので注意しましょう。

役職名はもっと重要です。気にしているビジネスパーソンは少なくないので、「常務取締役」なのに「取締役」、「部長」なのに「部次長」、「課長」なのに「係長」では、心証を悪くします。口に出すかどうかは別ですが、注意をしましょう。

氏名も同様です。名字だけでなく、名前も入れましょう。漢字が違っていれば、失礼になります。よく見直しましょう。敬称は「様」が一般的で、「さま」は柔らかい印象になります。医師や弁護士、教師らには「先生」も使えます。「山下三郎課長様」は役職と敬称で二重の敬称になります。「課長山下三郎様」が適切です。

毎回正式名称では硬い印象を与えます。何回もやりとりしているとか、顔合わせをしてよく知っている場合などには、一部を省略しても構いません。一方的に省略すると失礼になる可能性もあるので、間合いは適切にはかりましょう。

よく使う社名や役職名などは、「単語登録」しておくと便利です。

③「あいさつ」はシンプルに

「お世話になっております」で十分です。必要に応じて「いつも」「大変」を加えてもいいでしょう。自然な気持ちで書けばいいのです。

ただし、初めてメールをする場合は、「初めてご連絡いたします」「突然のメールで失礼いたします」などと書きます。相手の警戒心を解くため、メールを出した理由をていねいに説明する必要があります。

社内向けでは「お疲れ様です」や「おはようございます」「こんにちは」なども使えます。社外の取引先でも信頼関係が深くなれば、暗黙の合意の中で使ってもいいでしょう。

メールではほとんど使いませんが、ビジネスパーソンなら「時候のあいさつ」を知っておく必要があります。正式な会合の挨拶状や案内状などに使います。日本の四季に合わせた言葉で、１月なら「初春の候」、３月なら「早春の候」、７月なら「盛夏の候」など多数の表現があります。24節季ごとのあいさつもあります。

例えば、書き出しは「拝啓　初春の候　貴社におかれましては益々ご清栄のことと　心よりお慶び申し上げます」などとなります。結びの言葉は「寒さが一層厳しくなる時期です。どうかご自愛くださいますよう､皆様のご健康をお祈り申し上げます。　敬具」などです。１つの儀礼ですから、こうした表現を使っています。

書く場合は、本やネットでしっかり調べて書きます。担当部署なら蓄積があるはずです。面倒と思わず、日本の文化を味わう気持ちも大切です。

④自己紹介は柔軟に

自分を紹介する「名乗り」になります。最初に出す場合は、「品川製作所株式会社第一営業部の鈴木一郎です」といったようにていねいに紹介します。何回も連絡している相手には「品川製作所の鈴木です」と簡略にすればいいでしょう。正式の役職名は、末尾の「署名」欄に載っているはずですから、ここではなくても構いません。

可能なら、名乗りの後に温かい言葉を書けるといいでしょう。例えば、打ち合わせの席で以前に同席した場合には、「先日は打ち合わせでお目にかかり、貴重なお話をありがとうございます」といった具合です。お互い和やかな気分になります。

初めて出す相手には、自己紹介の後で、理由と状況を説明しましょう。「御社企画部長の加藤三郎さんから紹介を受け、弊社の新製品について、概要をお伝えします」といった具合です。相手が「なるほど、そういう経緯でメールを出したのか」と理解することが大切です。

⑤要旨で全体像を示す

これまでは、面会した場合でいえば、名刺交換まででです。これから本題に入っていきます。タイトルで伝えた用件のポイントをより詳しく書いていきます。

重要な点は、目的を明快に伝えることです。メールに限らず人に何かを伝える目的には、連絡、お礼、依頼、確認、注意喚起、お知らせ、承諾、情報共有、苦情、催促、謝罪、拒否、抗議などがあるはずです。それを明確に伝えます。

単なる連絡なのか、何かを依頼されているのか、相手は気になります。苦情を伝えたいだけなのか、謝罪と補償を求めているのかで受け取る側の対応が変わってきます。伝えにくいからと、あいまいにしたり、遠回しにしたりしては、メールの意味がありません。社外であっても社内であっても、メールを出す人は部署の一員であり、場合によっては代表して連絡するわけですから、明快な表現が必要です。

・「5W1H」を意識して書く

心がけたいことは、「5W1H」の要素を入れることです。特に、いつ（日時）、どこ（場所）、だれ（名前）を具体的に書くと、相手に伝わりやすくなります。

× 来週のセミナーの資料送付　↓○　5日の名古屋セミナーの資料共有

× 先日の会議の情報　↓○　15日の大阪会議の苦情

× A社からの書類送付　↓○　A社B担当者からの見積書共有

タイトルと一部重複することは構いません。相手に伝わるかどうかがポイントです。簡単なメールであれば、要旨だけで終わり、次で説明する「詳細」が不要な場合もあるでしょう。忙しいビジネスパーソンがやりとりするので、簡潔なメールにできれば、それに越したことはありません。

要旨に十分な情報をあえて入れて、詳細を省く選択もあるでしょう。

⑥詳細をわかりやすく書く

メールの本文になります。伝えたいことの心臓部ですが、2章で学んだ基本を実行します。用件をわかりやすく、簡潔に、過不足なく書きます。その際、ぎっしり文だけが詰まったメールは大変読みにくくなります。余白を上手につくり、読みたくなる美しいメールを目指しましょう。

書き方のポイントは次の通りです。

・1文は短く、最大50字程度＝一般的な文は60字ですから短めです

・箇条書きを有効に使う＝情報をシンプルに伝える
・1行の字数は30字程度＝長くなるとパソコンでは読みにくい
・5行以内で行替え＝1行空けて余白をつくる。字だけにしない
・漢字3割・ひらがな7割が目安＝柔らかな印象を与える

これらはいずれも目安です。機械的に適用する必要はありません。先に掲載したサンプルメールは、すべて箇条書きにしました。文にすると複雑になるときがあります。箇条書きができる場合は、情報を列挙したほうが伝わりやすくなります。

苦情や抗議といったメールは、内容が込み入りがちです。時系列を正確に書いて経緯をわかりやすくし、メールを出す側の要望や思いを的確に伝えるようにしましょう。

⑦「結び」と「署名」

結びの言葉で悩む必要はありません。「よろしくお願いいたします」で十分です。必要に応じて冒頭に「今後とも」「引き続き」を加えればいいでしょう。

「署名」は「名刺」です。名刺を基準にして、必要と思われる情報を掲載すればいいでしょう。必要事項は、社名、組織名、氏名、連絡先（メールアドレス、電話、携帯、FAX）、ホームページのURLです。会社ロゴやキャッチフレーズ、SNSは必要に応じて入れましょう。長すぎたり、派手すぎたりすると印象を悪くするケースもありますから、必要十分な内容にしましょう。

⑧知っておきたい技法

メールは記録として残ります。誤った場合、出し直したり、訂正したりしますが、あまり数が多いと、信頼感にも関わってきます。スムーズにするための知っておきたい技法を紹介します。

・必ず読み直す

2章の最後でも取り上げましたが、書き終わったら、冷静な心で必ず読み直してください。第1は「誤字・脱字はないか」、第2は「失礼がないか」、第3は「用件の連絡に過不足はないか」です。「誤字・脱字」で致命傷は、相手の役職や氏名の誤りです。気を悪くする人もいます。その後のビジネスに関わる可能性もあります。変換ミスの誤字も注意です。「気づく」が「築く」になっていることもあります。

「失礼」と「過不足」は、読み手の立場に立って読み直す姿勢が重要です。あまりに事務的で素っ気ない文章になっていることがあります。場合によっては、対決的になりすぎていることもあるでしょう。メールはスムーズにビジネスを進める手段ですから、一歩引いて、親しみを感じさせる印象を心がけましょう。

・相手アドレスは最後に記入

メールが普及し始めた頃、相手のアドレスを最初に記入し、途中で送ってしまう失敗を何回かしました。「先ほど送ったメールは途中でした。破棄してください」とお詫びのメールを送りますが、何とも格好の悪いものでした。

返信する場合は、最初から相手のアドレスが書いてありますから、誤って送信しないように注意が必要です。

・電話とのハイブリッド

メールは電話に比べて、時間を気にする必要がなく、伝えたいことをしっかり書ける利点があります。

しかし、本当に重要なことを伝えたいとき、緊急時、謝罪するときなど、電話で直接誠意を示すことも重要になります。相手次第の面もありますが、年配の人ほど電話重視の傾向が強いといえるでしょう。

特にネガティブ情報を伝えるときには「電話も使った方がいいかな」と考える必要があります。うれしいポジティブ情報を電話で連絡すれば、いい印象を与えることは間違いないでしょう。

・ていねい、謙虚が基本

メールの書き方で迷ったときは、「ていねい、謙虚」の基本に立ち返って、自分で考えて適切だと考える対応をしましょう。メールという単なる手段で、過剰に思い悩むことは本末転倒です。メールは淡々と処理すべきことなのです。

それでも思い悩んでしまうのは、メールの書き方ではなく、対処すべき課題との向き合い方に問題があります。根本的に考え直し、それからメールを書きましょう。何事も中途半端では見透かされます。メールを出す場合でもしっかりしたビジネス・スタンスが必要です。

◎トラブル対処法

ビジネスに限らず、社会生活をしていくうえで、トラブルはつきものです。トラブルに対応するメールは、気が重いものです。ここではトラブルの構造を見極める方法を考えてみます。やみくもに対応するのではなく、特徴を踏まえて冷静に対処する必要があります。トラブルの構造を見抜く法則は、次の通りです。

自分・自社の落ち度×相手の怒り

それぞれ「10」として考えてみます。自分が大失敗をし、落ち度が「10」とします。しかし、相手が全く怒っていない場合は「0」になるので、「10×0＝0」でトラブルにはなりません。逆にこちらの落ち度がないのに相手の怒りが「10」の場合も答えは「0」でトラブルにはなりません。もっともどちらも誠実な対応や怒りを収める手当ては必要になります。

トラブルが起こった場合、まず落ち度と相手の怒りをよく見極めます。落ち度と怒りの程度を判断し、必要に応じて上司や組織と共有し、どの程度の対策が必要かを検討します。落ち度が少ないからといって、粗雑に扱ってはいけません。

ここでも「ていねい、謙虚さ」が基本です。落ち度がある場合は、反省と謝罪を前提に粘り強く対応します。「ピンチはチャンス」ともいいます。相手から何かを学び、関係を深める機会になるかもしれません。面倒だからといって後ろ向きにならず、個人や組織として教訓を生かし、成長の糧としたいところです。個人も企業もステップアップすることにもなります。

穏便に早く収束させたいという気持ちはよくわかりますが、ただ急いでは、かえってトラブルをこじらせることもあります。構造を見極めて冷静さを保ち、謝るべきは誤り、主張すべきは主張する。人間は感情と論理で動きますから、「情理を尽くす」ことが大切です。メールも以上の基本線に沿って出すことになります。

4　ウェブライティングの書き方

インターネットの発達で、ネット媒体やＳＮＳでの発信が誰でもできるようになりました。私的な発信は、自分の好きな文章や方法でやれば構いません。しかし、少しでも多くの人に読んでもらって、何らかの成果につなげたいとなれば、ふさわしい技法を知っておく必要があります。

ウェブ向け文章は、これまで解説してきた一般的な文章とどう違うのでしょうか。

細かな違いを探せばいろいろありますが、最大の違いは「最後まで読んでくれない人が相手」なのです。一般的な文章やビジネスメールの場合、書けば基本的に読んでもらえます。社内の報告書や論文やビジネスメールは、特定の相手向けに書いていますから、当事者は目を通してくれるでしょう。しっかり読むかどうかは別にして、一応読もうとします。

・人集めにつながる文章を

しかし、ウェブの場合、読み手はネットサーフィンをしながら、面白そうなら少し読んでみようか、という人が大半です。もちろん、最初から狙いをつけて検索し、しっかり読む人もいますが、少数派でしょう。イベント会場で面白そうなブースに人が集まるように、人集めに適した一定の文章術があります。頭に入れておく必要があります。

誤解しないでいただきたいのは、最後の決め手になるのは、これから紹介するような小手先の技法ではなく、文章やコンテンツの中身です。それらを引き立たせるための技法と理解してください。

◎基本のスタンスと文章

基本スタンスは「わかりやすく、簡潔に」です。これまで説明してきた文章の基本と全く同じです。しかし、先に説明したように、読み手はつまらないと思えば読んでくれない人たちです。それを前提に対策を考える必要があります。

自分がネットで検索したり、何かを読む立場になって考えてください。例えば、通信販売で健康食品を買おうとするときを考えてみましょう。まず対象になる分野の商品に狙いをつけて検索するはずです。ターゲットがある程度決まっているので、迷いは少ないでしょう。成分や効能、価格を中心に絞り込んでいくことになります。タイトルや説明文を何度か見比べて選ぶことになると思いますが、決め手は何でしょうか。回りくどい説明より、わかりやすく簡潔に書かれたタイトルや説明ではないでしょうか。

２〜３つに絞ってからは、説明文を詳しく読み比べるでしょう。自分なりに理解でき、納得のいく商品を買うことになります。センスが良く、自分の好みにぴったりあった文が決め手になることもあるでしょう。ここまでどう誘導するかがウェブライティングの勘所になります。

・キーワードとわくわくする文がカギ

検索エンジンは、一定のアルゴリズムで動いていますから、キーワードを適切に含ませるなどの文章が必要になります。読み手は、パソコンで見たり、スマホで見たり、タブレットで見たり、画面の大きさの違う機器を使います。字ばかりずらっと並んだ画面では読む気が起きないでしょう。写真やイラストなどを効果的に使いますが、それに見合った文章もあります。

軽やかで、リズム感があり、読んでわくわくし、元気が出るような文章が基本になります。詳しく説明していきましょう。

◎ウェブライティング基本３か条と解説

ウェブライティングの基本となる３つの要素を考えてみました。「ウェブライティング３か条」として示します。基本を押さえた上で、個別ケースに応じて柔軟に対応することになります。ウェブ技術は進歩しますから、本格的に対応する場合は、必要な技法をさらに深めることになります。

①読み手を強く意識する
②一文最大40行メド、とにかく「簡潔」

③検索エンジン最適化対策（ＳＥＯ）を意識

それぞれ説明していきます。

①読み手を強く意識する

一般の文章でも読み手を意識することが重要です。しかし、ウェブの読み手は「内容がつまらなければ、すぐに逃げていく人たち」が多数派です。読んでいて相手にストレスを与えず、むしろ楽しさを感じさせることを目指しましょう。

企業のホームページ（ＨＰ）で考えてみましょう。日本企業は、高い技術力で多くの機能を持った製品をつくるが、消費者に受け入れられず売れない、といわれることがあります。技術力があることは素晴らしいのですが、一般の人達にどう受け入れてもらうかが重要なのです。

次のようなタイトルのＨＰはどうでしょうか。

Ａ「ＩＴソリューションのパイオニア／事務効率化に注力／技術力は業界最高／博士数は地域随一／知事表彰は県内上位」

地域の立派な会社のようです。技術力の高さはわかりますが、具体的に何をやっている会社かわかりにくい面があります。親しみも今一つの印象です。読み手を意識して少し変えてみました。

Ｂ「総務と工場の効率化で老舗／事務費用を減らします／業界最高の技術で支援／多数の頭脳が

手助け／地元のお役立ち企業」

どうでしょうか。「あなたにとって大いに役に立ちますよ」というメッセージを強調しました。読み手にとって身近になったでしょうか。もう少し変えてみます。

C「総務と工場のDX化のレジェンド／事務コストを半分カット／業界最高テクノロジーでサポート／マルチなブレインがコラボ／ローカルナンバーワン企業」

カタカナを多くしてみました。ネットの特徴は、カタカナで表現する英語の多さもあります。最近の流行り言葉は英語が多くなっています。カタカナは漢字に比べて、余白が多くなるので、字にすると柔らかな印象を与えます。

Aは、企業の姿をより客観的に表現したといえるでしょう。Bは、読み手を手助けする意味合いを出し、Cは、より訴求力のある表現を目指したといえるでしょう。

どの表現がいいかは、一概にはいえないでしょうし、組み合わせもあるでしょう。全体のマーケティング戦略や好みも関係します。

しかし、読み手を意識するスタンスは常に重要です。読み手の課題解決に具体的にどう役立つかを訴える姿勢です。Aにある「博士数」や「知事表彰の数」は企業の現状や実績を示す重要なデータですが、タイトルで説明する事項かという判断が必要になります。HPの別の場所でしっかり説明すればいいように感じます。

このあたりはネットに慣れている人、特に若い人の意見を参考にするといいでしょう。

②一文最大40字メド、とにかく「簡潔」

一般の文章では上限60字をメドとしました。ウェブではもう少し短く、最大40字にしたいところです。機械的にそうすべきだということではなく、より歯切れのいい短い文章で伝えようという気持ちで書くことが大切です。

例えば、次の旅行広告の文章はどうでしょうか。

「世界農業遺産に認定された里山や里海を味合う旅で、ここだけに残された風景と文化に出会うことができます。地元の食材をふんだんに使った味覚満載の料理がグルメのあなたを満足させます」

50字と36字で、普通の文章なら特に長さを感じません。しかし、ウェブでは少し長いともいえます。次の文章は、1文減らして3つの文にしました。

「世界農業遺産に認定された里山や里海を味合う旅です。ここだけに残された風景と文化に出会うことができます。地元の食材をふんだんに使った味覚満載の料理がグルメのあなたを満足させます」

25字、26字、37字で、リズムがよくなりました。次にタイトルにするため、さらに短く、体言止めのキャッチフレーズを多用してみました。

「世界農業遺産認定の里山・里海を味合う。ここだけに残された風景と文化。地元食材たっぷりの料理でグルメも満足」

簡潔さはその他でも重要です。接続詞はなるべく使わない、重複や回りくどい表現を減らす、ひらがなを7割程度使い柔らかくする、箇条書きを活用する、などがポイントです。第2章で指摘した「初級8か条」をさらに徹底するイメージです。ここでも「読み直し」は絶対に必要です。書いた直後にアップするのは避けましょう。時間をおいて読み直すのがベストです。

一般の文章では、書き出しを1字下げますが、ウェブでは1字下げない場合もあります。段落の文量は、一般の文章なら100～200字がメドですが、ウェブではもっと短くしましょう。特にスマホで見た場合、字ばかりではどこを読んでいるかわかりにくくなります。一般の半分の50～100字メドでいいでしょう。

・PREP法とSDS法を知る

詳しい内容を伝える場合は、どうしたらいいでしょうか。

一般の文章では書き方の1つとして、「起承転結」がよくいわれます。ストーリーのある文を書くときには有効ですが、情報を伝えるウェブでは不向きといわれます。代わって次の2つの方法がよく推奨されます。

1つは「PREP法」です。結論（point）、理由（reason）、具体例（sample）、結論（point）の順に書いていきます。結論を最初に書いて印象づけ、理由と具体例を説明し、最後に再び結論を書いてダメを押します。ウェブの読者は結論を早く知りたがるので、最初に伝えるのが有効です。意見や解説を伝えるのに適しているといわれます。

もう1つは「SDS法」です。概要（summary）、詳細（details）、まとめ（summary）の順に書きます。詳細の部分で、事実をわかりやすく伝えるのに適しているといわれ、

ＰＲＥＰ法より応用範囲は広くなります。

これ以外でももちろんいいのですが、基本の「わかりやすく、簡潔に」を外さないでください。

③検索エンジン最適化対策（ＳＥＯ）を意識

技術的な要素を考慮する必要もあります。検索エンジンで検索されやすい文章です。ＳＥＯ対策の一環です。

結論をいうと、より質の高いコンテンツになっているかどうかです。多くの検索アルゴリズムで決まるので、単純にはいえないのですが、小手先の技能より、信頼できるコンテンツなら検索されやすくなるといわれています。

具体的には、信頼できる魅力的で独自性のある文章で書かれた記事が、定期的に更新されていることです。その中に検索されやすいキーワードを散りばめていることが重要になります。

・キーワードとコンテンツがカギ

長谷川キャリア文章塾なら、「文章」「思考力」「成長」「時事」「教養」あたりでしょう。特定の商品であれば、買い手が関心を持つ言葉、機能や性能に関わる言葉や数字、商品の背景にある社会事象の言葉でしょう。記事の焦点が絞られていれば、自ずとキーワードも決まってきます。逆に記事の内容が拡散していたら、キーワードも広がってしまいます。

信頼されているサイトからリンクを張られていたり、専門性や信頼性が高いと評価されたりすることも、プラス材料になります。ＳＥＯ対策を専門とするサービスもあります。本格的に取り組むために専門のサービスを利用する選択もありますが、一般的には、わかりやすく簡潔で、読み手に親切で、質の高い文章や記事を発信することが基本です。

私はビジネス関連のサイトにメールアドレスを登録したため、ＳＥＯ対策に関するメールがたくさん送られてきます。最初は読んで勉強しようかと思いましたが、もともとＩＴに関する知識が豊富なわけではなく、とても追いつきそうもないと感じました。専門サービスの会社は、利用者が知らないことを伝えて売り込もうとしていますから、よりそうなる傾向はあるでしょう。

ネット技術は次から次へと開発されます。どのサービスが自分にとって最適かを判断するのは簡単ではありません。最終的には有料になるでしょうが、費用対効果を測定するのも難しそうです。周辺の言動に惑わされないことも重要でしょう。

このため私は、特別なＳＥＯ対策はせず、ひたすらわかりやすく、良質なコンテンツを発信し、蓄積することを重視しています。自分が理解できる範囲で努力する方針です。ＩＴ関連の業者と話をするときは、わかるまで何回も聞くようにしています。すると、相手があやふやな根拠で発言していることが少なくありません。

個人や小さな事業者は無理をすることはないと思いますが、資金力のある企業なら専門サービスを活用してＳＥＯ対策を徹底する選択肢もあるでしょう。その場合でも、具体的にどんな手を打ち、どの程度の効果があったかを測定する必要はあります。

第4章　読みやすさと引き込まれる文章のつくり方（中級8か条）

第2章では、基礎的な文章スタイルを学びました。どんな文章にも通用する内容です。「初級8か条」としましたが、守っていれば恥ずかしい文章にはなりません。

この章ではさらにレベルアップするための技法をお伝えします。機械的に守るような内容ではなく、日々心掛ける必要があります。知識や教養を意識し、毎日の考え方や過ごし方も重要になります。大げさにいえば、生き方にも関わってきます。まさに「文は人なり」です。

長期的に考えて身につけることで、簡単には他人に真似はされません。これで十分という終わりもありません。

「中級8か条」と名付けました。じっくり構えて、文章上達に向けて取り組んでください。

①論理を大切にしよう
②具体性を大切にしよう
③自分なりの視点を持とう
④社会の視点を持とう
⑤古今東西の視点を持とう
⑥内省を大切にしよう
⑦辞書で言葉の世界を知ろう
⑧名文に親しもう

それぞれ説明していきます。

1　論理を大切にしよう

論理を大切にするとは、具体的にどういうことでしょうか。いろいろな定義ができると思いますが、ここでは次の5点を指摘したいと思います。◎原因と結果の関係が正確◎証拠やデータが正確◎感情的になっていない◎文章の中で矛盾がない◎前提条件を正確に理解している、です。

◎原因と結果の関係が正確

地球上で高低差があった場合、水は低いところにしか流れません。重力の関係で、当然のことです。仮に、水が低いところから高いところに流れた場合、どうしてそうなったのかという説明が必要になります。

例えば、「ポンプで水をくみ上げた」とか「高いところに流れる仕組みをつくった」とかです。水の例は簡単ですが、複雑な事象になると、そのまま見逃してしまい、論理的でなくても通用してしまうこともあります。

自分の知らない分野が要注意です。別の業界、別の会社、別の組織、別の国などいろいろあります。当たり前のことを知っていないと、論理もおかしくなります。

次の一文はどうでしょうか。

◇

「米国市場ではかつて、ガソリンが安くなると日本の車が売れるようになった。日本車は小型で燃費が良く、価格も安い。ガソリンが安くなれば、より車にかけるお金を減らそうとして、日本車を買おうとするわけだ。日本メーカーが現地生産をすると、米国の自動車輸入業者が困るので、たくさん日本から輸出して欲しいというのが米国の世論だった」

◇

日本メーカーが強かったころの話ですが、どこか変です。よく読めばわかると思いますが、間違いは2カ所ある「ガソリンが安く」です。正解は「ガソリンが高く」です。ガソリンが高くなると、ガソリンをたくさん消費する米国産の大きな自動車は余計にお金がかかりますから、敬遠されるわけです。後半の現地生産と輸出の関係も誤りです。正解は次の通りです。

◇

「日本メーカーが日本から輸出をすると、米国の自動車工場の労働者が困るので、たくさん現地生産をして欲しいというのが米国の世論だった」

20~30年前なら常識でしたが、今ならどうでしょうか。よく読めばわかりますが、さっと読んだだけではわかりにくいかもしれません。因果関係は論理の基礎です。

正しい論理かどうかを気にかける習慣を持ちたいものです。「ちょっと待てよ」「本当にそうだろうか」とひと手間かけて考える癖です。

◎証拠やデータが正確

論理の前提になるのは、現実の世界です。証拠やデータです。ここを誤ると、すべておかしくなることがあります。また自動車の例で紹介します。どうでしょうか。

◇

「日本の自動車メーカーは、電気自動車（ＥＶ）で他国を先行している。米国市場でも人気は高く、飛ぶように売れている。米国メーカーは取り組みが遅れている。日本メーカーは、中国進出も積極的で、大変な勢いで販売を伸ばしている」

◇

ＥＶについて多少でも知識のある人なら、すぐに誤りはわかります。日本メーカーはＥＶへの取り組みの遅さを指摘されています。本格的な競争はこれからなので、まだまだわかりませんが、２０２０年代前半から中盤にかけては、米国のテスラ社や中国のＢＹＤ社などが販売を伸ばし、注目されています。

この文章は前提になるデータや証拠が不正確なので、非論理的な文章になっています。車は注目度が高いので、誤りを見抜ける人も多くなっていますが、より専門的な化学製品では事情が変わってきます。ポリエチレン、塩化ビニルモノマー、スチレンモノマー、ポリプロピレン、アクリロニトリル、プロピレンオキサイド……になれば、どうでしょうか。専門家か業界の人でなければわからないでしょう。

ここでは経済をあげましたが、自分の知らない政治や社会の問題、地域の問題ともなれば、わからないこともあるでしょう。十分に注意する必要があります。

◎感情的になっていない

人間に感情があるのは当然で、それ自体は悪くありません。問題は、事実、意見、感情が混在し、文章自体が非論理的になってしまうことです。書く前によく整理しないと、せっかくの文章の意味もなくなってしまいます。

次の文章を読んでください。

◇

「怒りが止まりません。とても黙ってはいられません。自宅は駅に近く、人通りが多くなっています。毎日のようにゴミやペットボトルを捨てる人がいるので、ポイ捨て禁止の看板を出しました。最低限の抵抗です。しかし、状況はまったく変わりません。市役所に苦情を言いましたが、のらりくらりで何もしません。市役所職員の評判はこれまでも悪かったが、本当でした。もっと研修をさせるべきです。今度はもっと大きい看板を出すつもりですが、怒りは収まりません。自治会として何とかして欲しいと思います」

◇

わが家の苦情を自治会に提出する文章と考えてください。気持ちはわかりますが、感情的になっています。

次のように直したらどうでしょうか。

◇

「自治会にお願いがあります。自宅は駅に近く、人通りも多くなっていますう。毎日のようにゴミやペットボトルを捨てる人がいるので、ポイ捨て禁止の看板を出しました。しかし、状況はまったく変わりません。市役所に苦情を言いましたが、のらりくらりで何もしてくれません。今度はもっと大きい看板を出すつもりです。自治会として何とかして欲しいと思います。市役所職員の評判はこれまでも悪かったので、研修も提案したいと思っています。怒りが止まらず、黙ってはいられない気持ちです」

◇

事実に続いて、市職員の研修を提案し、最後に自分の感情を書いています。説得力は増すと思われます。

◎文章の中で矛盾がない

書いた文章の中で、筋が通っていることは大変重要です。社会にはいろいろな要素が詰まっています。それらは一部、矛盾もあります。むしろ矛盾があるのが当然です。

文章を書く場合には、文章の目的に沿ったことを中心に書き、すっきりと論理的な内容にしましょう。

次の文章はどんな印象を与えるでしょうか。

◇

「我が事務所の備品として、コーヒーメーカーの購入を提案したいと思います。コンビニまでは徒歩10分もかかり、近くに自動販売機もありません。反対する人がいるかもしれませんが、私が聞いた限り、半分以上の人はコーヒーが好きで、賛成しています。製品や金額については、私が調べますが、希望者がいるならお願いしたいと思います。近く意見を聞きます。お茶など他の機械でもいいです」

◇

事務所内でコーヒーメーカー購入を呼び掛けていますが、本当に欲しいのかどうか、あやふやな感じもします。部内から「どうなんだ」という声も出そうです。提案するなら、次のように明快にしたいものです。

◇

「我が事務所の備品として、コーヒーメーカーの購入を提案します。コンビニまでは徒歩10分かかり、近くに自動販売機もありません。コーヒー好きの方も多いと思います。製品や金額については私が調べ、近く皆さんの意見を聞く機会を設けます。その前に意見があれば、ぜひお願いします」

◇

これなら本当に買いたい気持ちが伝わってきます。結果的にどうなるかはわかりませんが、事務所の人も意図は理解できるでしょう。

◎前提条件を正確に理解している

文書は、書く場合も読む場合も、一定の前提があります。強く意識しないことも多いと思いますが、読み手を意識して、自分の前提をしっかり把握する必要があります。次の文を読んでください。

◇「プロ野球セ・リーグでは、阪神が優勝したが、クライマックス・シリーズの出場をめぐって、巨人、西武、楽天が争っている」

◇プロ野球の常識のある人なら簡単です。西武と楽天はパ・リーグですから、セ・リーグの巨人とクライマックス・シリーズを争うことはありません。次の文章はどうでしょうか。

◇「セ・リーグのクライマックス・シリーズは、２位の広島と３位の横浜ＤｅＮＡが争うことになった。２位と３位は全く同じ条件で争うので、予断は許さない。勝ったチームは１位のチームと優勝を争うが、これも同じ条件なので予想はつかない」

クライマックス・シリーズの仕組みを知っている人ならすぐに誤りがわかります。2位と3位が対戦する場合、2位のホーム球場で開催するので、一応2位が有利となります。1位との対戦は、1位のホーム球場で、しかも1位には最初から1勝をカウントします。それを含めて4勝したチームが日本シリーズに進みます。挑戦するチームは、実際の試合では4勝2敗以上でなければ、日本シリーズには進めません。長いペナントレースの成績を重視すれば、当然のことです。

自分になじみの薄い分野を書くときは、前提もよく調べることを心にとめておいてください。

2 具体性を大切にしよう

文章の命は、「具体性にある」といっても過言ではありません。新聞記者の世界で「もっと具体的に書こう」という言葉は日常的に飛び交っていました。記者の重要な資質は、「取材力」「分析力」「表現力」といわれています。

最初に必要になるのが事実を集める取材力なのです。次に取材した事実をどう分析するか、最後にどう表現するかが問われます。文章をうまくなるためには最後の表現力に目が行きがちですが、取材力こそが文章の起点となります。

「人権を大切にしよう」という記事は重要です。しかし、記事としてもっと重要なことは、まだ知られていない人権侵害の事実を書くことです。「理屈より事実」の世界です。記者は事実を入手するために骨惜しみしない努力を求められているのです。

「大手メディアはダメだ」と言われることがあります。批判は批判として受ける必要はありますが、事実をつかむための新聞記者の努力は他メディアに比べて随一だという自負は持っていました。

一般文章の場合、事実に加えて、その他の具体性も重要になります。文章をいきいきとさせ、魅力的にします。ここでは文章を具体的にするための方法として、◎詳細な経験◎詳細な言葉や表現◎数値やデータ◎逸話や物語◎ふさわしい比喩、の５点を説明します。

◎詳細な経験

文章塾の課題で「これまでで一番うれしかったこと」を書いてもらうことがあります。

狙いは、自分のこれまでの人生を振り返ってもらうことが第一です。第二の狙いは、自分しか体験していないことなので、より具体的に書きやすいからです。「考えたこともなかった」という声がよく聞かれますが、社会人に書いてもらっても仕事の話はあまり出てきません。中高校時代の部活動でいい成績を収めたとか、子どもの誕生に感動したとかが多くなっています。「嫌だったこと」は書きにくいかもしれませんが、「うれしいこと」は喜んで書いてくれると期待しています。

例えば、子どもが生まれた感動を書いたこんな文章はどうでしょうか。

◇

子どもが生まれた時、本当にうれしかった。感動と感謝の思いが胸いっぱいにわいてきた。自分もこんなに小さかったのかと思った。妻も元気だった。私の両親も病院にかけつけた。これまでの人生で一番うれしかった。これを上回る感動は今までにない。父親としてどう生きていこうかと考えた。これから何をしてあげようかと考えた。将来、どんな子になって欲しいか、これから考えようと思う。

◇

本人が感動したことは伝わってきますが、自分の抽象的な気持ちばかりで、具体性がほとんどありません。時期や男の子か女の子かもわかりません。次の文章はどうでしょうか。

◇

10年前、長男が生まれた。結婚して8年後に授かった子なので、本当にうれしかった。赤い小さな手を軽く握ったら、思ったより強い力で握り返してくれた。妻には『ありがとう』とお礼をいった。妻はうっすらと涙をうかべていた。それを見て自分も目頭が熱くなった。体重4000グラム。とにかく元気で育って欲しい。今はそれだけだ。進行中の会社のプロジェクトにも身が入りそうだ。部下に電話して、明日の指示を出した。

◇

自分の体験は、自分しか書けません。究極の独自性です。自分の伝えたいメッセージにふさわしい、詳細な行動や気持ちを思い出して、書いていきましょう。

◎詳細な言葉や表現

具体性を持たせるということは、読み手にイメージをわかせるようにすることです。水俣病患者を題材にした「苦界浄土」を書いた石牟礼道子の小説に「あやとりの記」があります。次のような書き出しです。

◇

かっし、かっし、かっし・・・、かっし、かっし、かっし・・・。

柔らかい蹄の音でした。舞い散る雪でできたトンネル、おぼろにかかった雪の洞（うろ）の中を、馬がやってくるのでした。音もない激しい雪の中に、そんな巨（おお）きな雪の洞がかかっているのはとても不思議でした。

かっし、かっし、かっし、かっし、かっし・・・。

蹄の音がだんだん近づいてきます。だれも見えない洞道の中に、みっちんはひとりで立っていました。首を垂れた馬がやってきます。長いたてがみをゆっくり振りながら、舞い散る雪でできた洞道の中を、柔らかい足どりで馬が近づいてきます。

◇

幼いみっちんが、社会の片隅で生きている人に導かれ、土地の霊たちと交わっていく物語です。音や色を通して具体的なイメージが頭の中で膨らんできます。真似をすることはとてもできませんが、こうした文章の方向を目指してみることはできます。

読み手のイメージを念頭に苦吟してみてください。

◎数値やデータ

具体性を持たせる場合、もっともストレートに表現できるのが数字です。「大きな犬」より「体長1・5メートルの犬」と書いたほうが、具体的なイメージがわきます。数字は理解の前提となる共通語です。柔らかい文章で多用するとリズムを損ねることがあります。

しかし、ビジネスの世界では最後は数字に集約されますから、ビジネス文書では大変重要です。

次の文章を読んでください。

◇

1990年の日本の経済規模は、米国の半分。日本の半分がドイツ、遅れて欧州3カ国の仏英伊が並び、カナダが3カ国の半分だった。2022年の1位は米国で、日本は2位を維持しているが、3位ドイツが日本に迫っている。1990年、中国は日本の8分の1だったが、2009年に日本を抜き、2022年はなんと日本の4・2倍にもなった。

◇

一応の順番はわかりますが、経済の文章はもっと正確な数字を知りたいところです。

経済の力を端的に示すのが名目国内総生産（GDP）だが、国際通貨基金（IMF）統計によると、

１９９０年、日本の名目ＧＤＰは、３・１９兆ドル。１位は米国の５・９６兆ドルなので、日本は米国の53％だった。３位のドイツは１・５９兆ドルでほぼ日本の半分。フランス、イギリス、イタリアが1・2兆ドル前後で並び、カナダがその半分の６兆ドル弱だった。２０２２年の1位は米国で、25・４６兆ドル。日本は2位を維持しているが、４・２３兆ドルにとどまっている。１９９０年のわずか1・3倍で、30％伸びたにすぎない。３位はドイツだが、４・０８兆ドルで日本に迫っている。１９９０年、中国は０・３９兆ドルで、日本の8分の1だったが、２００９年に日本を抜いた。２０２２年は17・８兆ドルで、なんと日本の４・2倍にもなった。

◇

日本の停滞ぶり、ドイツの伸び、中国の躍進が、具体的な数値を伴って鮮明になっています。数字が入るので、文章は長くなりますが、条件に応じて使い分けたいところです。

◎エピソードや物語

「具体的なエピソードを探せ」。これも記者の世界でよく語られる言葉です。

通常のニュースなら、発生した動きや事実を書けばいいのですが、大きなニュースや連載のような企画記事を書く場合、読者に読んでもらうためのエピソードが必要になります。書き出しで「なんだ、これは。面白いなあ」と思わせる象徴的な話が求められます。ニュースや連載で伝えようとするメッセージに合致した内容です。

多くのエピソードがあれば、それが物語になります。書く文書にもよりますが、読者を惹きつける話は多くの文書で必要になるでしょう。大きな流れの中でストーリーとして読ませられれば、相手の頭の中にしっかりと残ります。

・人を引きつけるノーベル賞受賞者ストーリー

2023年にノーベル生物学・医学賞を受賞したのは、米ペンシルベニア大特任教授のカタリン・カリコさんです。新型コロナウイルス用のワクチンに使ったメッセンジャーRNAを開発しました。ハンガリー出身で、渡米や研究で苦労したエピソードの持ち主でした。

田舎町の肉屋さんで生まれ、名門大学で博士号を取得しましたが、ハンガリーの経済が停滞し、海外の学会にも出席できませんでした。東西冷戦下でしたが、長女を連れて米国で研究する決心をしました。外貨の持ち出しができなかったので、長女のぬいぐるみにお金を隠して出国しました。しかし、研究は評価されず、厳しい日々が続きました。今回、共同受賞した研究者とコピー機の前で知り合い、20年以上も共同研究を続けました。長女はボートの米国代表としてオリンピックで2連覇を達成しました。

各メディアは受賞でこうしたエピソードを紹介しました。

カリコさんは、ドイツのバイオベンチャーで80か国以上から従業員が集まる「ビオンテック」に所属し、自らも女性であることから「多様性がいい研究成果につながる」とも言っています。こうした物語の発信が、今後の社会にいい影響を与えることになると期待されています。

◎ふさわしい比喩

比喩は具体的なイメージを膨らめる有力な手段です。１９６４年の東京オリンピック開会式で、ＮＨＫの北出清五郎アナウンサーが「世界中の青空をぜんぶ東京に持ってきたような素晴らしい秋日和でございます」とテレビ中継したのは有名です。

我々が文を書こうとするとき、「彼女の笑顔はよかった」と表現するより、「彼女の笑顔は真夏の太陽のようにまぶしかった」としたほうが、より強烈なイメージになります。「夜空に輝く星のように美しかった」「深い湖のような包容力だった」などいろいろ考えられます。

ただし、使いどころを間違うと、逆効果にもなります。北出アナウンサーの中継が放送史に残っているのは、見た人たちが同じ思いを共有していたからです。敗戦から19年、青空の東京で五輪開会式が開かれる感慨は重いものがありました。

・英国人の巧みさに触れる

英国人は比喩が巧みなように感じます。「この世は舞台、人はみな役者」と言ったのは、シェークスピアです。第二次世界大戦時に首相を務めたチャーチルは、戦後の東西冷戦を「鉄のカーテン」と命名しました。歴史に残る比喩となりました。

チャーチルはヒトラーと徹底的に対決しましたが、「私にいま提供できるのは、血と労苦と涙と汗だけであります。我々の政策は、地上でも海上でも空中でも戦争を行うことです。目的は勝利です。我々の大義が人間社会において敗れるはずがないと確信しています」という首相就任時の名演説も残しています。文筆家としても著名で、戦後執筆した「第二次世界大戦」で1953年にノーベル文学賞を受賞しました。文才があったわけです。

3　自分なりの視点を持とう

文章は何かを伝えるものです。自分の見方や意見を伝える場合には、自分の視点がなければ意味がありません。客観的な事実や状況を伝える場合でも、現実をどう見るかという視点があります。無意識でもそこには視点があります。言い換えれば、それがあなたそのものであり、個性となります。文章と視点・個性は表裏一体なのです。

対立するテーマを論じる場合には、より鮮明な視点が求められます。AさんとBさんが対立する意見を持っていた場合、「Aさんの言うこともBさんの言うことも正しいと思う」では誰もあなたの意見に耳を傾けてくれないでしょう。問題にもよりますが、どちらか一方に賛成すればいいというものでもないでしょう。「Aさんのこの部分には賛成で、Bさんのあの部分には同調できる。だから私はこう思う」という自分なりの視点が必要です。

物事をAかBかという二項対立で考える方法は、問題の構造をシンプルに考えさせる利点があります。しかし、すべての問題が割り切れるものではありません。社会が複雑化している現代ではなおさらです。二項対立で考えながら、自分の視点や個性を練り上げて表現する技能が必要になります。

ここでは、◎自己認識＝自分が大切だと考える価値観◎現実的な根拠を示す◎オープンで柔軟な対話、の３点について説明します。

◎自己認識＝自分が大切だと考える価値観

私は「キャリアコンサルタント」という国家資格を持っていますが、キャリアを選択する際に重要になる要素が「自己認識」です。「自己概念」ともいいます。

キャリア理論は、退役軍人の就職やビジネスパーソンのキャリア支援などを目的にアメリカで発達しました。アメリカらしい功利的な理論で、１９６０年代にロナルド・スーパーという心理学者がキャリア発達に自己概念が深く関係していることを理論化しました。

自己概念は、「自分で自分をどういう人間だと認識しているか」「大切にしている価値観は何か」「どういう自分でありたいか」「どんな人生を送りたいか」などに関わってきます。文章を書く時にも非常に重要な要素です。

自分が大切にしている価値観を知るにはどうしたらいいでしょうか。様々なアセスメントがありますが、次の言葉であなたが重視するものは何でしょうか。「自律」「個性」「報酬」「豊かさ」「安全・安心」「社会貢献」「多様性」「影響力」「プライベート」「創造性」「公平さ」「親切」「好奇心」「社会的評価」「協調性」「冒険心」「チームワーク」「向学心」「責任」「美の追求」「秩序」「熱意」「知性」

「寛容さ」「思慮深さ」……。優先順位をつけることで、自分を可視化できます。これらは当然、変化します。その際のカギになるのが「経験」です。我々は日々、いろいろな経験をしますが、経験が自己を形成し、意見や主張の基礎となります。

・米中対立であなたの意見は？

大きな話になりますが、世界最大の問題の1つに米国と中国の対立があります。経済力や軍事力で圧倒的だった米国の力が衰え、中国が台頭してきました。米中対立は国際情勢に影を落とし、日本では経済関係の深い中国とどうつき合うか、台湾をめぐる有事があった場合にどう対応するか、という切実な問題が浮上しています。

次のような題を与えられた場合、あなたならどう書くでしょうか。①「米中対立で、どちらを支持しますか」②「米中対立はどう推移すると考えますか」③「米中対立で思うところを書け」。それぞれ書くべきテーマが違っています。

①は「どちらを支持するか」という題なので、米国か中国かを明示することを求めています。日米同盟があるので、米国と書くことができるでしょう。中国との経済関係が深いので、中国と書くこともできるでしょう。どちらかを明示できないという立場で書くことも可能でしょう。②は自分の意見より見通しを求められています。③はかなり自由に書くことができますが、どこにどう力点を置くかが問われます。

いずれも簡単に書ける題ではありませんが、今は同様の問題が多くなっています。どんなことでも「私ならこう考える」という癖をつけましょう。人任せの同調や忖度は禁物です。

◎現実的な根拠を示す

米国とソ連が対立する冷戦時代、資本主義か社会主義かというイデオロギーの対立がありました。イデオロギー優位の時代は、「現実より理論と敵味方」という発想が中心でした。当時は社会の価値観も多様化しておらず、日本ではイエ中心の発想が色濃くありました。

冷戦終結とともにイデオロギーの時代は終わりました。今は２０２２年のロシアによるウクライナ侵攻で世界の亀裂が深まり、２０２３年にはイスラエルとパレスチナの武力衝突が加わりました。日米など民主主義的な旧西側先進諸国、ロシアや中国など権威主義的国家、インドやブラジルなどグローバルサウスに分かれているといわれます。しかし、現実はもっと複雑です。民主主義は機能しているのか、ロシアと中国の足並みは一致していない、グローバルサウスの内実は複雑、とも言われます。

人工知能などの発達で変動性や不確実性が高い「ＶＵＣＡの時代」と言われ、先を読みにくくなっています。日本社会でも個人の価値観の多様化が進んでいます。家庭は核家族から個人世帯が急増しています。ジェンダー平等やＬＧＢＴＱの人権問題が関心を集めています。

・説得力のある事実を探す

こうした時代に自分なりの視点を持つ際の説得力は、現実的な根拠や事実をどう示すことができるかでしょう。米国や中国に対する各自の思いは、当然あります。多くは経験に基づいているはずです。国際関係のあり方に関する各自の考え方もあるでしょう。

文章を書く場合には、こうした要素だけでなく、現実の動きを踏まえて書く必要があります。訪日する中国人観光客、中国軍の動き、日中のビジネス、米中の対立と対話の動きなどあります。多くは専門家ではありませんから、「すべての状況を知っているわけではないが」という留保条件をつけて、自分の視点や意見を書けばいいのです。

米中問題や中東の問題は大きな話ですが、どんなテーマでも自分の視点や個性を支える現実的な根拠を探す必要があります。その気になって探せば、必ずあるはずです。日ごろから気を配っていることも大切です。大切な知識・教養になるはずです。

◎オープンで柔軟な対話

自分なりの視点を持つといっても、かたくなであっては逆効果です。価値観の多様化は、いろいろな意見や主張が増えていることでもあります。他人と自分は考え方が違うことを前提に、文章を書く必要があります。自分の意見を押し付けるような姿勢ではなく、「いろいろな意見はあるが、私はこういう理由で、こう考える」という柔軟で謙虚さを感じさせる文章が説得力を増します。

事例で考えてみましょう。マンションに併設された小さな公園で、住人の小学生が遊具から落ちて軽いけがをしました。管理組合から「遊具の使用を禁止したい」という方針が示され、住民に意見を求められました。反対したかったので、次のような文章を書いてみました。

◇

「遊具の使用禁止には反対です。なぜなら、小さな公園ですが、安心して遊ばせることができる場所です。わが家の子どももよく遊んでいます。遊具も使っています。けがは軽かったと聞いています。どんな遊具でも使い方によって、けがはつきものです。けがをしたからといって、すぐに禁止するやり方には反対です。子どもは自分で遊具のような道具を使いながら学ぶものです。過保護にするのはよくありません」

◇

どうでしょうか。主張はよくわかりました。しかし、小学生がけがをし、管理組合が禁止したい方針を示したわけです。もう少し事情に配慮した柔軟な表現にした方がいいでしょう。

◇

「けがをされた小学生と家族にお見舞い申し上げます。事故の再発防止のため禁止の方針に一定の理解はします。ただ、小さな公園ですが、安心して遊ばせることができる場所です。わが家の子どももよく遊具で遊んでいます。禁止されると困ったことになります。遊具の使い方に問題はあったのでしょうか。対策はないのでしょうか。各家庭はどう思っているのでしょうか。対話の場を作って、情報の共有や意見交換をしたらどうでしょうか」

◇

やんわりと自分の意見を伝え、対話の場を提案しました。今の時代には、意見を出し合って歩み寄る対話が非常に重要になっています。それぞれが妥協しながら合意点を探る方法で、定着させようという動きはもっと強まるでしょう。

オープンな対話の流れを意識しながら、文章を書く必要があるでしょう。

4　社会的な視点を持とう

社会的な視点とは、個人の視点や自己中心的なアプローチではなく、広い視野に立って社会全体を考慮することです。いろいろな出来事や現象を社会全体の文脈の中で理解し、文章にします。

ニュースを報道するとき、「見立て」が重要になります。事件や事故、出来事が起こった時、瞬時に「どの程度のニュースか」を判断し、記者を何人投入するか決め、紙面の扱いも考え始めます。もちろん、必要に応じて途中で修正しますが、初動の出足がものをいうときがあります。

・なぜ慶応高校が注目されたのか

２０２３年の夏の全国高校野球大会で、神奈川代表の慶応高校が優勝しました。強豪校が多い神奈川代表の優勝は8回目ですが、これだけならあまり魅力的なニュースではありません。慶応高校の前身の慶応普通部が１９１６年、東京代表で優勝しているので、実に１０７年ぶりの優勝になります。まず破られない記録でしょう。

しかし、一番注目されたのは「エンジョイ・ベースボール」を掲げていたことでした。丸刈りで上意下達の高校野球のイメージを覆し、髪の毛を伸ばし、柔らかい表情のプレーが注目を集めました。短い練習時間、考える野球も話題になりました。もっとも全体練習は短くても個人はそれぞれ練習を積み、「楽しむ野球」ではなく、「高いレベルの野球を楽しむ。勝利と成長を追求する」のが実態で、単に甘い野球ではないようです。それでも高校野球の歴史という文脈で考えれば、新しい時代を告げる活躍だったことは間違いありません。スポーツの流儀は、企業の組織管理にも参考になり、影響を与えます。

社会的な視点を持つことで、出来事の意義づけが変わります。ささいなことでも見立てによって違ってきます。文章にする場合、見立ての違いが魅力の差になって表れてきます。

そんな社会的視点を養うにはどうしたらいいでしょうか。ここでは◎社会事象に詳しくなる◎複数の視点を意識する◎社会に潜む権力性に着目する、の3点を説明します。一朝一夕で獲得できる視点ではありませんが、日々心がけることで、中長期的にかなり変わってきます。

◎社会事象に詳しくなる

社会で何が起きているかを知らなければ、視点も養えません。日々のニュースに詳しくなることが絶対に必要です。新聞やテレビのニュースに接することが基本です。価値判断をして提供されるので、役に立ちます。

スマホで見るネットのニュースも便利ですが、自分の関心のあることに偏る傾向があり、広い視野を養うという点からは注意しなければなりません。

ニュースに詳しくなる1つのコツとして、定点観測があります。新聞なら1面をしっかり読むことで、その日の大きなニュースがわかります。1面のコラムは、各社の達筆な記者が書いています。ニュースを知ることに加え、書き方の参考にもなります。

各紙の大きな記事は、力を入れた記事なので、読み応えがあります。好きな定期コラムや連載を決め、必ず読むことで社会的な視点は確実に上向いていくでしょう。

テレビでは、大勢が見るNHKの夜7時や夜9時のニュースが定番です。民放でも夜にニュース番組を放送しています。自分と感覚が合う番組を選んで、可能な限りみることで、ニュースに強くなります。

日曜夜などに放送している「NHKスペシャル」は、重要なテーマをていねいに取材しているので、見ごたえのある番組が多くあります。

・ネットやメディアの特性を知る

ネットでニュースを追うには、実は高い能力が必要になります。社会の全体状況をつかんだ上で、狙いをつけて記事を探しにいくときは、キーワードで検索できるので大変便利です。その日起きたニュースを知るときは、時系列中心で流れるので、ニュース価値の軽重が判断しにくい傾向があります。ネットの長所と短所を知った上で使う必要があります。日々のニュースをしっかり追うなら、新聞やテレビをすすめます。有料ですが、新聞紙面を掲載している新聞社のサイトはおすすめです。

メディアをめぐる状況を社会的文脈の中で説明します。10年以上前までは、多くの人が新聞を読んだり、テレビのニュースを見たりしていました。スマホが普及してから、新聞購読者やテレビのニュースを見る人が減り、ネットでニュースを知る人が増えています。

ネットニュースの多くは、新聞社やテレビ局が流していますが、提供する料金が安く抑えられ、経営に影響が出ています。記者の大幅な削減も続いています。公正取引員会が、ネット会社が優越的地位を行使していないか関心を持つ事態にまでなっています。健全な報道機能がこれまで通り維持できるかどうか、という危うい状況が生まれています。

◎複数の視点を意識する

社会は単純ではありません。利害や意見が対立している場合、どちらかが１００％正しく、どちらかが１００％間違っているということはまずありません。それぞれに言い分があり、すぐに判断できないことも少なくありません。立場によって意見が異なることも多くあります。価値観の多様化や急速な技術革新で、社会はますます複雑になっています。

２０２２年2月、ロシアがウクライナに侵攻し、世界は驚愕しました。軍事力による一方的な領土変更は許されません。米国や日本など多くの国がウクライナ支援を打ち出し、ロシアに制裁を課したことは当然の行為です。

一方、ロシアが北大西洋条約機構（NATO）の東方拡大に強い脅威を感じ、警告を発していたことは事実です。中国やインドなど大国が米国と距離を置き、ロシアと意思疎通を図っていることも現実です。

・対立する意見を知る

米国の同盟国である日本は、米国の価値観に染まりがちですが、世界の現実にも目を向け、複数の視点を意識する必要があります。自分の意見を文章にする場合、自分の主張や思いだけを一方的に書いても説得力は高まりません。問題をめぐるいろいろな意見を理解していることを書いた上で、自分の主張を書けば、より深い内容になります。

ウクライナ侵攻について、次の2つの文章を比べてみてください。

◇

A　ロシアのウクライナ侵攻は許される行為ではない。日米をはじめ主要国は制裁を課し、撤退を求めている。ロシアは一刻も早く撤退すべきだ。日米を中心に結束し、ロシアへの圧力を強化すべきだ。

B　ウクライナに侵攻したロシアに対する制裁について、世界各国で温度差がある。ウクライナへの支援疲れも指摘される。世界は停戦に向けた圧力を強化すべきだ。侵攻は許される行為ではない。

◇

２０２３年秋現在、事態は膠着しています。Ａのようにロシアが撤退すればいいのですが、その気はないので非現実的に映ります。Ｂは停戦を求めています。ロシアが侵攻した地域の主権をどうするかという問題があります。戦争か停戦かという選択もからみ、どちらがいいかは簡単には決められませんが、Ｂの方が複数の視点を意識していることは間違いありません。

◎社会に潜む権力性に着目する

社会は力関係を基本に成り立っている面があります。力のある組織や個人がどう振る舞うかによって、社会のあり方が決まる例は少なくありません。社会的強者を肯定しているわけではありません。事実として強者の影響力は大きいものがあります。その影響力を弱者らにも意識して使うべきであり、周囲はそうした社会の関係を見抜くべきだということです。

国の中で最強の強制力を持った力は、国家権力です。三権分立といわれますが、国会（立法）、内閣（行政）、裁判所（司法）が代表です。自衛隊や警察という実態的な強制力を持った組織もあります。国民はその活動によって、国家権力と対立することもあります。沖縄県の辺野古基地建設をめぐる政府と沖縄県の関係は、対立の代表的な例です。原発再稼働や建設をめぐって推進する政府・電力会社と反対する住民の関係も同様です。地元自治体はその中間で厳しい判断を迫られます。

・会社にもある様々な力の体系

企業も社長を頂点とする権力関係があります。社長が経営の方針を決め、徹底します。経営陣は利益を出す責任を負っているので、厳しい業績が予想される場合、組織を引き締めるのが一般的です。役員、部長、課長、社員という権力構造があります。中間管理職や末端社員が居酒屋で愚痴る様子は、テレビドラマにもよく出てきます。社長や経営陣の方針や会社の歴史によって、力をめぐる雰囲気は様々です。厳しい社風、家族的な社風などそれぞれです。地域や趣味の組織、家族でも、複数の人間が集まれば、力の関係は存在します。

人間の関係は力だけでなく、信頼や愛情もあります。明文化されていることは少なく、空気のような面もあります。感じるかどうかは、当事者の観察力やセンスもあります。過剰に力を意識することには弊害も多いでしょうが、全く鈍感というのも考えものです。社会における微妙な人間関係を感じ、適切に文章に表現できる能力も求められています。

5　古今東西の視点を大切にしよう

「古今東西」という言葉を考えてみましょう。「古今」は、古い昔と新しい今で、歴史という「時間」です。「東西」は、東洋と西洋という意味で、世界規模の地理という「空間」です。

時間と空間を意識した文章は、自ずと深くなります。時空を超えて広がる文章の世界は、それだけで魅力的になります。わかりやすく、嫌味にならないように適切に表現することが重要ですが、それ以前に古今東西の知識が必要になります。今知っていなくても、調べて知識を獲得し、書いていくこともできます。

古今東西の知識とは何でしょうか。

・司馬遼太郎が子どもに伝えた歴史観

作家の司馬遼太郎が、子どもたちに向けて教科書「小学国語　6年下」（大阪書籍）に書き下ろした「21世紀に生きる君たちへ」という随筆があります。歴史について、こう書いています。

「歴史とは何でしょう、と聞かれるとき、『それは、大きな世界です。かつて存在した何億という人生がそこに積み込まれている世界なのです。』と、答えることにしている。私には、幸い、このようにたくさんのすばらしい友人がいる。歴史の中にもいる。そこには、この世では求めがたいほどにすばらしい人たちがいて、私の日常を、はげましたり、なぐさめたりしてくれているのである。だから、私は少なくとも二千年以上の時間の中を、生きているようなものだと思っている」

歴史とは、これまで生きてきた人たちの人生そのものなのです。司馬さんは、それらの人たちと友人だと思っているというのです。なんと素晴らしい考え方でしょうか。昔の人達はパソコンやスマホは持っていませんでしたが、私たちと似たような喜怒哀楽の感情を持って生きていたはずです。自然と向き合い、多くのものを創造してきました。立派な人もいれば、許せない人もいたでしょう。

それら総体が、歴史であり、地球上でずっと展開されてきました。世界中で生きてきた人の歴史を文章に取り込まない手はありません。

具体的に、◎歴史をどう取り込むか◎地理をどう取り込むか、考えていきましょう。

◎歴史をどう取り込むか

2023年10月、将棋の藤井聡太さんが、史上初のタイトル八冠を独占し、大きなニュースになりました。日本経済新聞は1面トップで伝え、編集委員の解説記事をその脇に置きました。八冠は歴史的快挙ですが、それにふさわしい内容でした。

解説記事は、作家坂口安吾の「散る日本」を引用します。1947年、10年不敗だった木村義雄名人が敗退した対局の観戦記です。記事は安吾が「『亡ぶべきものが亡びる時代だ』と喝破した。そこに重ねたのは、戦後そのものだった」と書きます。さらに藤井が1990年代後半から2000年代初頭に生まれたZ世代だと指摘し、最近の沈む日本と関連づけて、次のように終わります。

「Z世代のもたらす衝撃から『解』は導けるだろうか。革命児とどう共振できるだろうか。かつて、この国に敗戦を招いた形式主義や精神主義を、安吾は『日本的幽霊』と呼んだ。幽霊はまださまよっている」

Z世代にイノベーションの秘訣を学びたいが、ままならない現状を嘆いています。ここまで大きく構えた記事を書き、1面にすえた背景には、八冠を達成した王座戦が日経新聞の主催という事情もあるでしょう。

しかし、将棋から今の日本経済を類推し、終戦直後の安吾の作品から書き始める文章は、目を引き、魅力的です。沈む日本は藤井の快挙から何を学べばいいのか、第二次世界大戦の敗戦と今の経済の沈滞をどう考えたらいいか。読者を時間を超えた大きな問いの世界に導いてくれます。二刀流を掲げて大リーグで活躍する大谷翔平選手も似たような存在になっています。

・偉人や著名人の名言を引用する

応用しやすい書き方として、歴史的人物の言葉を引用する方法があります。企業の幹部は社員向けに文章を書いたり、あいさつをしたりする機会が多くあります。何とか新しいサービスを開発して欲しいとき、文章としてどちらが魅力的でしょうか。

◇

Ａ　皆さん、今のところ我が社の業績は順調ですが、10年先を見通せば、厳しい材料が多くなっています。ここ2、3年で、新しいサービスを開発する必要があります。皆さん、何ができるか、知恵を絞ってください。会社として必要な支援をします。提案を待っています。開発に着手したら、粘り強く頑張る必要があります。あきらめてはいけません。我が社の未来がかかっています。

Ｂ　皆さん、ここ2、3年の新サービス開発に我が社の将来はかかっています。アップル創業者のスティーブ・ジョブズは「一番大切なことは成し遂げたいという情熱です。成功と失敗の一番の違いは途中であきらめるかどうか。失敗する人は途中であきらめてしまう」と語っています。会社は提案を募集し、全面的に支援します。10年先を見て頑張りましょう。

◇

ジョブズが亡くなったのは２０１１年なので、遠い昔ではありません。しかし、多くの人を勇気づける言葉を残しています。日本の戦国武将に例をとれば、「徳川家康は『人の一生は、重き荷を負うて遠き道をゆくがごとし。急ぐべからず』と言っています。我が社は少し急ぐ必要がありますが、開発には我慢も必要です」と言ったりすることもできます。

歴史の教訓や名言に関連する書籍は数多くあり、ネットで調べることもできます。歴史への関心は、いい文章を書くための基本的な素養ともいえます。それぞれ努力してみる価値はあります。

◎地理をどう取り込むか

地理は文化との関係で重要になってきます。異文化理解が重要な時代ですが、海外や国内各地の文化に詳しくなると、文章も魅力的になります。スマホやパソコンのようなデジタル機器は一気に普及しますが、人間はアナログ的に変化するので、文化や風土、慣習はゆっくりとしか変わりません。その違いを面白く感じ、理解や尊重しながら知る必要があります。

・「ユリシーズ」で知るダブリン

第1章4節の「正解主義からの脱却」で、アイルランドの作家ジェームス・ジョイスの「ユリシーズ」を紹介しました。1904年6月16日、首都ダブリンの1日の出来事を小説にした長編です。アイルランドはノーベル文学賞作家を4人輩出した文学の国で、ダブリンがその象徴です。

NHKのBS放送で「世界ふれあい街歩き」という番組があります。旅行者のように歩いて街の雰囲気を伝える面白い内容で、ダブリンを紹介したことがありました。「百聞は一見にしかず」と言いますが、テレビを通じてそれなりに伝わってきました。

「ユリシーズ」がいかに重要な地位を占めているかよくわかりました。アイルランドの誇りのような存在です。小説を題材にしたホテルがあり、ジョイスらの古くて珍しい本を売る「ユリシーズ」という店に人だかりができ、本には税金がかかりません。６月16日には当時の衣装で着飾る祭りもあります。「ユリシーズは誇りだ」という若者が、「まだ読んでいない」という場面もありました。微笑ましく感じました。

・旅行で衣食住の違いを感じる

国内でも海外でも旅行は異文化を感じる絶好の機会です。歴史をテーマに街を回れば、「古今東西」を感じることができます。文化の違いは「衣食住」に主に表れます。国内各地の「食」は、全国チェーン店が増えて違いが少なくなっているように感じますが、ご当地ならではの料理を味わってみたいものです。

文化に限らず、政治や社会保障、教育などの各種制度は、国によってかなり違うことがあります。社会問題を論じる場合、各国の制度を紹介しながら、日本の今の制度を論じていくことも意味があります。制度の背景には文化的要素もあるので、文化の違いの一環ともいえますが、制度を比較することで発見もあり、有意義です。

国内だけで考えると、どうしても視野が狭くなります。制度は変わることも多いので、書く際には注意をしましょう。海外の制度のフォローは難しい面もあるので、時期を明記すれば、問題は小さくなります。制度の背景にある思想や考え方を論じる方法も重要になります。
時空を超えて視野を広げることは、文章表現に決定的に重要な要素だと考えています。

6　内省を大切にしよう

内省は文章を書くとき以外にも非常に有効な手段です。「自問自答」や「セルフコーチング」ということもできるでしょう。自分の考え、主張、経験、行動、感情などを冷静に見直すことで、よりバランスが取れ、中庸な自分を獲得することができます。「自己理解や自己認識の向上」、「感情管理と成長」、「問題解決への貢献」が期待できます。

文章を書くとき、いきなり書き始めると多くの場合、冗長になります。自分の行動や考えをだらだら書くことになりがちです。書く前に「何を書こうか、どんなメッセージにしようか」や「どういう構成にしようか。どの順番で書こうか」と自答することが最低限、必要です。

何回も指摘してきましたが、今の社会は複雑さを増しています。「あちら立てれば、こちら立たず」という問題も多くなっています。経済学では「トレードオフの関係」といい、「何かを得たいとき、何かを失う」という両立しない関係があります。どちらか一方が完全に正しいということはなく、両者のバランスを取って選択し、関係者が納得する解決策や議論の過程を追求するようになっています。

賛否が分かれる問題について、内省を重ねて文章にすれば、深みや厚みが出て、説得力が増します。１つの立場を主張する場合、対立する意見を十分に理解していることを示せば、反対する人の理解を得られたり、感情的な対立を避けたりすることもできます。ここでは、◎複雑なテーマを解きほぐす◎文章の気品と格調を上げる◎魅力的な物語にする、の３点について説明します。

◎複雑なテーマを解きほぐす

社会にはトレードオフの関係にある問題がたくさんあります。すべての日本人にとって切実な問題は、社会保障のあり方、とりわけ「負担と給付」のバランスでしょう。少子高齢化で、負担する人が減り、給付を受ける人が増えて、バランスが崩れています。年金、医療、介護について、「少ない負担で大きな給付を受けたい」というのが本音ですが、お金が無尽蔵にあるわけでありませんから、誰かが負担しなければなりません。

年金の保険料負担について、30代の人が次のような内省問答をしてみました。

・負担と給付で内省問答

「年金保険料が高すぎる。もっと低くすべきだ」

「そうなると、将来受け取る年金が減る。それでいいのだろうか」

「自己責任で貯金や積立投資をすればいい。税金も投入すればいい」

「税金投入となれば、消費税をあげることになりそうだが、それでいいのだろうか」

「そうなると、高齢者への給付を減らし、我々の保険料も抑え、増税も最小限にするしかないのだろうか」

70代の人が内省問答をしました。

「年金が少なすぎる。もっと上げるべきだ」

「財源はどうするのだろうか。消費税を上げればいいのだろうか」

「生活が苦しくなるから困る。若い人の保険料を高くすればいい」

「若い人は我々の時代より経済的に苦しい。それでいいのだろうか」

簡単に答えは出ません。前提として政府が無駄を省き、支出を抑える必要はあります。政治家の中には、景気が悪くないのに巨額の経済対策を求めたり、消費税の減税を主張したりする声もありますが、無責任といわざるを得ないでしょう。

将来の財政状態を見通し、国民に厳しいことであっても理解を得て実行するのが政治家の役割です。国民も自分事として考える必要があります。政府も家計も大盤振る舞いばかりはできないのです。

・人工知能で内省問答

こうした問題は、多くあります。人工知能（ＡＩ）もそうです。是非を論じる場合、次のような内省ができます。

「ＡＩは人類にプラスだろうか」「単純労働をＡＩに任せればいい」「仕事がなくなる人が出る」「知

的な労働をすればいい」「知的労働も減るのではないか」「創造的な仕事に注力すればいい」「そんなにうまくいくだろうか」「人類は環境に応じて生きてきた」……。

最終的な答えを出すことが目的ではありません。文章を書くに当たってのスタンスを固め、文章に深みを出すことが狙いです。人に任せたり、迎合したりするのではなく、自分の心と向かい合い、自分なりの意見をまとめることが、ますます大切な時代になっています。

◎文章の気品と格調を上げる

前項は主に思考の内省でしたが、ここでは表現の内省を取り上げます。「気品と格調は文章の最後の理想」といったのは、作家の三島由紀夫です。詳しくは第5章で説明しますが、私も賛同します。言語には、日常言語と思考言語があり、文章は思考言語の代表といえます。

抽象的で深くて広い表現ができるのは思考言語で、その中に日常言語を取り込むこともできます。逆はできません。文章を書くことは、思考言語を駆使することです。

・大人の言葉を使う

「大人の言い換えハンドブック」（話題の達人倶楽部編、２０１８年、青春出版社）という面白い本があります。「はじめに」ではこんな一文があります。

「言葉選びには、その人の能力、人格、教養が端的に現れます。時と場合と相手によって、『夜』は『夜分』、『嫌い』は『好みではない』、『もらいもの』は『頂き物』、『失敗』は『不首尾』と言い換えられるのが大人です」。

大人の表現をする言い方が本当に適切かどうかは別にして、ニュアンスはわかりやすく伝わります。

本の中では「下品や子どもっぽい言葉は嫌われる」として、次のような言い換えを紹介しています。「にたにたする↓微笑む」「がなる↓大声を上げる」「せびる↓無心する」「とっちめる↓懲らしめる」「むかつく↓むかむかする」「おちょくる↓からかう、ひやかす」「ばれる↓発覚する」……。

事例はたくさんあり、「なるほど」と思わせます。「左うちわ↓悠々自適」「ピカ一↓白眉」「重要な意見↓刮目すべき意見」などもあります。

・文語と口語の混在はしない

文章の中で口語を使うときは注意が必要です。コラムや随筆であえて口語を使うときは別ですが、一般の文章で文語と口語が混在するのは、気品と格調を落とします。次の部内会議の様子を書いた文書を読んでください。

「部下の来期の行動計画を聞いて、『なに言ってんだ』と思った。今期の不振の理由について分析がなっていない。まともに現実を見ていない。だから来期の行動もトンチンカンだ。このままでは目標を達成できないだろう」

部下に怒っているようですが、いずれ部内の後任に引き継がれる文書でしょうから、やや感情的で不適切でしょう。しっかり内省し、せめて次のように書きたいところです。

「部下の来期の行動計画を聞いて、不満を感じた。今期の結果を直視せず、分析も不十分。その結果、来期の行動も的外れになっている。目標達成の可能性は低い。内心、『なに言ってんだ』と思わざるを得なかった」

どうでしょうか。

◎魅力的な物語にする

文章を印象づける大きな要因として、１つの物語、ストーリーになっているかどうかがあります。短い文章でも流れはあるものです。文章にストーリー性を持たせる技法として、「人か、組織か、思想のどれかに軸を絞る」方法があります。２００６～２００７年、朝日新聞経済面で「けいざい一話　人・組織・思想」のタイトルで読み切り企画を掲載しました。

経済に限らず、どんなニュースや現象も多くの事実の集積です。これらを脈絡なく紹介しても読者にはあまり響きません。社会の各種制度は国民の生活に影響していますが、制度を真正面から書いてもどこか無味乾燥です。「人・組織・思想」は、人間の関心を喚起する重要な要素です。

例えば、岸田文雄首相の経済政策について書く場合、政策の内容を細かく点検する書き方もありますが、多くの人には退屈でしょう。「岸田首相の経済思想」とか「岸田官邸の思想」を切り口として、首相や官邸の活動や足跡をたどりながら思想を浮き彫りにし、その中で政策を論じていけば、より多くの人が関心を持つと予想されます。

あいさつも同じです。提携先企業の工場新設行事に招かれて一言話す場合、工場や今後のあれこれを話すより、社長や工場長の人柄、建設に至った思想・考え方に絞り、ふさわしいエピソードを探して語ったほうが、より魅力的になるでしょう。

7　辞書で言葉の世界を知ろう

インターネットの普及で書籍の辞書を引く頻度は、少なくなっているでしょう。しかし、文章を書くにあたって、正確性、語彙の充実、同義語や反対語の検索など辞書機能の重要性は変わりません。難しい漢字も今ではパソコンですぐに出てきますが、その漢字が正しいかどうかわからない場合は、調べる必要があります。

辞書に親しむことで、言葉に対する感度も磨かれます。三浦しをんの「舟を編む」という小説があり、映画にもなりました。出版社の辞書編集部の模様を描いた作品で、「辞書は言葉の海を渡る舟、編集者はその海を渡る舟を編んでいく」という意味を込めたタイトルです。私たちは普段、何気なく会話をし、文章を書いていますが、言葉や言語の世界は大変深いものがあります。

言語について学ぶことは、古代から教育の中心でした。中世の大学では、文法学、修辞学、論理学が重視され、18世紀後半以降、祖語が同じ言語を研究する比較言語学が盛んになりました。20世紀以降、ソシュールやチョムスキーらが言語学の枠組みを大きく転換し、言語の構造を多角的に検討するようになりました。人工知能（ＡＩ）にも応用されています。

以上の知識は、文章を書くときにさしあたって必要な知識ではありません。しかし、言葉は深遠なものであることを知っておいて損はない、むしろ知っておくべきでしょう。

ここでは、文章を書く際に辞書が必要になる２つの観点から説明します。◎類語辞典を活用しよう◎ニュアンスの違いに気を配ろう、です。

◎類語辞典を活用しよう

文章を書いていると、似たような表現が多くなることが少なくありません。動きを表現する文章はそうでもありませんが、考察や分析する評論的な文章でその傾向が強くなります。その際には同様の言葉がわかる類語辞典を活用します。

次の文章を読んでください。

「辞書は、新しい単語や表現を学び、語彙を拡充するのに役立つと思います。多様な語彙は文章を豊かにすると思います。読者にいい印象を与えることにも役立つと思います。間違った単語や表現は文章の質を低下させると思います。辞書は同義語や反意語を提供し、適切な単語の選択をサポートすると思います。これにより読者により明確な情報を提供できると思います」

どうでしょうか。「思います」が多用されています。それぞれの文は間違いではありませんが、いかにもリズムが悪く、幼稚な印象を与えます。

しかし、この「思う」はやっかいです。放っておくと、使いがちです。

・「思う」の類語を探してみる

「思う」の類語や同義語として伝えそうな動詞を調べてみました。

「考える」「認識する」「想像する」「推測する」「思案する」「考慮する」「検討する」「思索する」「意識する」「信じる」「主張する」「提案する」などがありそうです。文脈によって適切かどうかの判断も分かれます。先の文章を「思う」を使わないように修正してみました。

「辞書は、新しい単語や表現を学び、語彙を拡充するのに役立つでしょう。多様な語彙は文章を豊かにするといえます。読者にいい印象を与えることにも役立つと考えます。間違った単語や表現は文章の質を低下させると考慮されます。辞書は同義語や反意語を提供し、適切な単語の選択をサポートすると信じられます。これにより読者により明確な情報を提供できると推測できます」

一応、言い換えましたが、各文が短いので、不自然さが残ります。一気に次のように直したほうがすっきりするでしょう。

「辞書の機能について、次のように思います。新しい単語や表現を学び、語彙を拡充するのに役立つ。多様な語彙は文章を豊かにする。読者にいい印象を与えることにも役立つ。間違った単語や表現で文章の質を低下させない。辞書は同義語や反意語を提供し、適切な単語の選択をサポートする。これにより読者により明確な情報を提供できる」

最初に「思う」と明記し、あとは「思う」を省略して並列的に書けば、すべて「思う」内容を記述したことになります。

・感情表現や時制にも工夫を

感情に関する言葉もあまり同じ表現は使いたくありません。「うれしさ・うれしい」なら、「楽しい」「ご機嫌」「大喜び」「心地よい」「気持ちよい」「よい」「幸せ」「喜々として」などがあります。「悲しみ・悲しい」の類語としては、「痛み」「哀惜」「哀しみ」「悲哀」「傷心」「悲嘆」「不幸せ」「嘆き」「愁傷」「憂き目」などがあります。時間のある場合は、類語辞典を活用して豊かな表現を追求してみましょう。

過去形で「～した」という「た」がずっと続くと、リズムがよくありません。日本語は途中で現在形を混ぜても意味が通じ、文の格調はむしろ出ます。

次の文を参考にしてください。カッコの中を現在形にしましたが、どこでも変えられます。

「急な坂道が長く続いていた。野球部員は走った。全員が声を出した（出す）。坂道はいつまでも続いていた。部員たちは懸命に走った（走る）。全国大会優勝を目指していた。汗が滴り落ちた。倒れる部員も続出した。それでも走った（走る）」

◎ニュアンスの違いに気を配ろう

言葉のわずかな意味の違いを使い分けることは、より洗練された文章につながります。一般的には「わかりやすく、簡潔な文章」が求められますから、過剰なこだわりは必要ありませんが、意図的に書いてみる手もあります。

「類語ニュアンス辞典」（中村明・編著、三省堂、2020年）という700ページを超す書籍があります。中村氏はのべ5万7000項目を収録した「新明解類語新辞典」（三省堂）を出版しましたが、微妙な差まで伝えきらないとして、新たに出版した辞典です。自然、人間、感覚など9章に分けて解説しています。

私は新聞社を辞めて名刺を作る際、肩書をどうしようか考えました。「元記者」は変だし、「ジャーナリスト」も英語でピンとこない。「作文塾代表」では少し味気ない。いまは一応、「文筆家」としています。

類語ニュアンス辞典によると、文筆家は「文章を書くことを職業とする人。著作家よりいくらか古風な感じで、自負めいた雰囲気が漂っているかもしれない」と書いてあります。「そうか、自負があるのか」と自問自答しました。

文筆家は「作家」の項目に分類されていますが、作家の類義語を読むと、深い味わいを感じます。要約して一部を紹介します。

・文人、作家、文士、文豪……

▼「文人」＝もっとも広義。武人と対立して文事に携わる人間

▼「文学者」＝小説家から俳人まで各ジャンルの文学作品を書く人すべてを包含し、学者らも含む

▼「作家」＝文学作品、特に小説などの作者をさす。陶芸作家のように芸術作品の制作者も含む

▼「小説家」＝小説の創作を職業とする人

▼「著作者」＝著作を行った人をさす法的な感じのする用語

▼「ライター」＝文章の執筆を職業とするが、個人の名前が表に出ず、オリジナリティーの問題もあり、軽い感じになる

▼「文士」＝「三文文士」と揶揄したり、謙遜したりする場合もあるが、「文士の魂」という言うとおり、仕事というより業とも言うべき自負を感じさせる

▼「文豪」＝偉大な文学者、大作家。夏目漱石と森鴎外は誰も文句がない。無難なところで、永井荷風、志賀直哉、谷崎潤一郎、芥川龍之介あたり。川端康成、井伏鱒二もふさわしいか。太宰治、三島由紀夫はどうか。この語の威厳から、現代作家となるとそう呼ぶのが気分的に抵抗があるようだ。

先の辞典を参考にすると、「面白い」は何かに心ひかれて楽しい気分になる意味合いで、主観的ながら積極的に評価を表明している、となります。「興味深い」は、個人的な印象を沈静化し、客観化して述べたような慎重な姿勢が感じられるという意味だそうです。

「面白い」か、「興味深い」か。似ているようで違いもあります。

8　名文に親しもう

「名文」と一口に言いますが、文学作品とその他の文章では違いがあるといえるでしょう。文学作品では、言葉や表現の美しさ、優れた文体や語り口、情景や人物の描写、深遠なテーマ、卓越したストーリーなどをあげることができそうです。

本書では、文学作品以外の一般的な文章を想定しているので、基本を「わかりやすく、簡潔に」においています。しかし、文学作品では最優先の要素ではありません。

文学作品以外の文章としては、報告、分析、解説、ビジネス文書などがあります。重要な要素は、論理的な明快さ、しっかりした根拠や証拠、優れた論理展開、正確な描写などで、「わかりやすく、簡潔に」と深く関わっています。

ジャンルは違っても名文には共通点があるといえるのではないでしょうか。印象に残る表現、斬新な問題意識、心や頭に残る刺激や衝撃などです。名文に親しむことが、文章の上達にいい影響を与えることは間違いありません。豊かな語彙や表現に触れて、言葉の選び方が上達するでしょう。文体や描写の多様性を学ぶことにもなります。感情や情熱を表現する幅が広がり、深い問題意識や洞察を伝えることができます。

これらは総合して、あなたの教養になるはずです。

ここでは、◎名作の書き出しに触れてみよう◎時代を背負った文章を読んでみよう◎心揺さぶられる体験をしよう、の３点を説明します。

◎名作の書き出しに触れてみよう

どんな作品も書き出しにはこだわっているはずです。書き出しに触れてみることで、名作の雰囲気が味わえます。

有名な書き出しをいくつか紹介します。

「祇園精舎の鐘の声、諸行無常の響きあり。沙羅双樹の花の色、盛者必衰のことわりをあらわす。おごれる人も久しからず、ただ春の世の夢のごとし。たけきものは遂にはほろびぬ、ひとえに風の前の塵に同じ」

ご存知、「平家物語」です。盛者は必ずほろびます。成立は13世紀といわれ、琵琶法師の語りで広められました。鬼気迫るような悲しい調べに日本文化を感じます。民主主義の教科書ともいえます。

「親譲りの無鉄砲で小供の時から損ばかりしている。小学校に居る時分学校の二階から飛び降りて一週間ほど腰を抜かした事がある。なぜそんな無闇をしたと聞く人があるかも知れぬ。別段深い理由でもない。新築の二階から首を出していたら、同級生の一人が冗談に、いくら威張っても、そこから飛び降りる事は出来まい。弱虫やーい。と囃したからである」

夏目漱石の「坊っちゃん」です。直情径行な坊っちゃんが、東京から四国の松山中学に赴任した愉快な物語です。底流には明治新政府と旧徳川幕府派の対立があるという見方もあります。

・作家独特の世界がある

「夜明けまえの暗闇に眼ざめながら、熱い『期待』の感覚をもとめて、辛い夢の気分が残っている意識を手さぐりする。内臓を燃えあがらせて嚥下されるウイスキーの存在感のように、熱い『期待』の感覚が確実に躰の内奥に回復してきているのを、おちつかぬ気持ちで望んでいる手さぐりは、いつまでもむなしいままだ」

ノーベル文学賞作家・大江健三郎の代表作「万延元年のフットボール」です。万延元年は1860年で、大江の故郷四国で一揆がありました。100年後の1960年は安保闘争がありました。この100年を展望する物語です。

「『完璧な文章などといったものは存在しない。完璧な絶望が存在しないようにね。』僕が大学生のころ偶然に知り合ったある作家は僕に向かってそう言った。僕がその本当の意味を理解できたのはずっと後のことだったが、少なくともそれをある種の慰めとしてとることも可能であった。完璧な文章なんて存在しない、と」

村上春樹のデビュー作「風の歌を聴け」です。その後の村上ワールドを予感させます。自分の好きな作品に敬意を払ってアレンジすることを「オマージュ」と言いますが、自分なりに真似てみるのもいいでしょう。作品の雰囲気にひたって自分の感覚を磨くこともできます。

◎時代を背負った文章を読んでみよう

どの文章もある特定の時代に書かれています。時代が出てくる文章も、そうでない文章もありますが、時代を背負っていることは間違いありません。大きな出来事があると、多くの文章が書かれ、時に時代を強く表現し、定義します。歴史的な出来事は、歴史的な文章を生みます。

幕末の長州を描いた司馬遼太郎の小説に「世に棲む日々」があります。主人公の一人は高杉晋作です。徳川幕府と倒幕派の戦いは緊張をはらんで揺れ動きます。長州も幕府との融和派が優勢になり、対決派の高杉は圧倒的な劣勢になります。孤立無援の状況で、高杉は下関の功山寺で挙兵します。功山寺は今では仏殿が国宝となっている古い寺で、当時は京都から追われた公家の三条実美らが身を寄せていました。高杉は深夜、功山寺を訪れ、三条らに挙兵を告げます。

次はその場面です。

・明治維新につながる高杉晋作の挙兵

「晋作は立ち上がり、玄関から出た。三条実美はそれを玄関まで送ったが、しかしそれではこの死士に対し礼を欠くとおもったか、草履をはいて境内まで出た。

晋作は馬上の人になった。このときこの若者が言った言葉は、この時期、ほうぼうに喧伝され、記録された。

馬の前脚が騰ったとき、この男はふりかえりざま、

『いまから長州男子の肝っ玉をお目にかけます』

と、いった。かれはいつの場合でも狂言作者と役者をかねていたが、このとき舞台は雪の功山寺境内であり、相手役は都の貴人であった。時期は、長州の絶望的な政治的季節であり、そのときに吐くべき台詞をこの男はみごとに作り出した」

この後、80人の若者が雪を踏んで下関の街中に向かいます。その中には後に初代首相になる伊藤博文もいました。高杉は藩内の戦いに勝ち、長州藩は倒幕の先頭に立ちました。この挙兵がなければ、明治維新もあったかどうかわかりません。高杉晋作は長州のヒーローです。政治家として著名な安倍晋太郎、安倍晋三親子は、「晋作」から一字もらっています。

◎心揺さぶられる体験をしよう

感動は文章に出ます。心揺さぶられる経験なしに、人を感動させる文章は書けないと言ってもいいでしょう。これまでは主に小説を見てきましたが、心を揺さぶられる経験は、多くのものから得られます。

手近なところでは映画があります。映画館だけでなく、最近はインターネットで数多くの映画を見られます。つくり手は大きな熱量でつくっていますから、何かを感じることができます。自分の感性を大切にしましょう。2023年には宮崎駿監督の「君たちはどう生きるか」が話題になりました。前宣伝がなく、いかようにも解釈できる不思議な映画ですが、知人と話し合ってみる楽しみもあります。

博物館や美術館での展覧会も絶好の機会です。展示されている分野に詳しくなくても、直接目にすれば、何かを感じるはずです。自分の主観を大切にして、後でネットで調べてみるとか、図録を買って読んでみるとかすれば、知識も深まります。

・スポーツや旅行でも感性を磨ける

スポーツ観戦や体験、知らない土地への旅行は、非日常の体験です。普段行かないところに行ってみたり、散歩をしてみたりするだけでも、気分転換以上の気づきがあるのではないでしょうか。

これらの活動は、すぐに文章の上達につながるわけではありませんが、個人の内面の充実にはつながるでしょう。文章は、当事者が持っている知識・教養も含めた感性と、文章表現力の掛け算といえます。

例えば、「10」の感性を持っている人が、「10」の文章表現力をすべて発揮すれば、「１００」の文章がかけます。感性を「20」に増やせば、最大で「２００」、文章表現力を半分しか発揮できなくても「１００」の文章が書けます。

「文は人なり」です。自分の感性を磨けば、文章の上達に必ずつながります。一生の心がけにしたいものです。

・出口治明さんが推奨する「本と人と旅」

ライフネット生命を創業し、立命館アジア太平洋大学の学長を務める出口治明さんは著書「人生を面白くする　本物の教養」（２０１５年、幻冬舎新書）で、教養を高めるための方策を論じています。「日本のリーダー層は勉強が足りない。教養は人生を面白くするツールであり、グローバル化したビジネス社会を生き抜くための最強の武器である」と指摘します。本物の教養をつけるための手段として、「読書をする」、「人と出会う」、「旅をする」ことの大切さを説いています。

読書では「古典は無条件で優れている」と思っています。「100年以上生き残ってきたものはまず間違いがありません。どのような理由で生き残ることができたのかは個々の事情があるでしょうが、時代が変わっても価値が認められてきたわけですから99%クオリティの高いものと考えていいと思います。年月の淘汰に耐えて生き残ったもの、人類の経験知の集積として評価されているものが古典です」と考えています。

人に会う基準は、面白いかどうかです。大手生命保険時代、ロンドンに駐在しましたが、多くの日本人駐在員は、日本人同士で付き合い、相手の出世を1つの基準にしていました。出口さんは、打算を超えて面白い人、外国人と主に付き合いました。

旅は「最高にして教養の源」と位置づけます。しかし、教養をつけるために旅をするのではなく、楽しそうだから旅をし、その結果として多くのものを得られると考えています。大学時代はヒッチハイクのように北海道を一人で回りました。美術館めぐりに興味を持ち、40年間で70カ国、1200都市を訪れました。全国にある「一宮」の神社も回りました。気の向くまま、足の向くまが流儀で、海外の街歩きでは、マーケット、若者と女性を見るのが楽しみだそうです。

やり方は人それぞれだと思いますが、「本と人と旅」が、心揺さぶられる体験につながることは誰でも賛同できそうです。自分なりの流儀を確立すれば、人生は面白くなるでしょう。

第5章　文章力の継続的な向上に向けて

文章力の継続的な向上に大切な要素は、2つあると考えます。第一は、自分が取り組んでいる分野について、深く知り、考えることです。第二は、文章そのものへの関心を持つことです。簡単に説明しましょう。

・自分の分野を知り、文章に関心を持つ

第一の「自分が取り組んでいる分野」とは、社会人なら自分の仕事です。社会人が書く文章の大半は、仕事関連でしょう。眼の前の自分の仕事に没頭していない限り、仕事関連のいい文章は書けません。苦労しているからこそ、いろいろなことを感じるはずです。

ただ、単に没頭しているだけでは、考えが深まりません。眼の前の仕事に没頭しながら、「これでいいのか」「他にいい方法はないか」と考えることが、いい文章につながります。自分の会社や業界だけでなく、頭の2割位は、自分とは別の広い世界、知らない文化空間などに気を配りたいものです。幅が出るはずです。

第二の「文章そのものへの関心」は、文章を単なる伝達手段と考えるのではなく、人間の重要な表現手段と考え、文化そのものだという意識を持つことです。文章への感度を磨くことは、人生を豊かにするでしょう。

ここでは文豪ら小説家、研究者ら知識人の文章論を紹介します。続いて、文章論とは少し離れますが、「時事・社会常識をつけよう」「教養について考えよう」「地球・生命・人間に詳しくなろう」の計5点を説明します。

1　文豪らの文章論を知ろう

文章論や文章に関する本は、たくさんあります。重なる部分もあれば、そうでない部分もあります。対象になる文章の違いで、重きを置く点も違っています。人の数だけ文章論があるともいえます。

◎谷崎潤一郎の「文章讀本」

日本における文章論の嚆矢は、１９３４(昭和９)年に「文章讀本」を発表した谷崎潤一郎(１８８６～１９６５)です。耽美派作家として歩み出しました。芸術性に国際的評価が高く、ノーベル文学賞の有力候補でした。

「刺青」「痴人の愛」「春琴抄」が代表作で、戦時中に阪神間の上流生活を書いた「細雪」は、軍部から「時局に合わない」と雑誌掲載を止められました。谷崎なりの反戦小説ともいえ、発表できなくても書き続け、戦後に書きあげました。日本文学研究家のドナルド・キーンは、こうした谷崎の姿勢を高く評価しました。

「文章讀本」は、総合的で体系的な文章論です。１章の「文章とは何か」で、実用と芸術、現代と古典、西洋と東洋を分析しています。一部を要約しながら引用します。

「文章を人にわからせるように書く秘訣は、言葉や文字で表現できることとできないことの限界を知り、その限界内にとどまること」「真にわからせるように書くためには、記憶させるように書くことが必要。言い換えれば、字面の美と音調の美は読者の記憶を助けるだけでなく、理解を補う。この二条件を備えていなければ、意味が完全には伝わらない」「日本語は語彙が貧弱で構造が不完全だが、その欠陥を補うに足る十分な長所があることを知り、それを生かすようにしなければならない」

・日本の文章に2つのかたち

第2章の「文章の上達法」では、文法にとらわれない、感覚を磨け、と提唱しています。次のような面白い指摘もしています。

「酒好きでも甘口を好む者と辛口を好む者とがある。文章道でも和文脈を好む人と、漢文脈を好む人とに大別される。和文の優しさを伝えているものと、漢文のかっちりした味を伝えているものがある。前者は泉鏡花、上田敏、鈴木三重吉、里見弴、久保田万太郎ら、後者は夏目漱石、志賀直哉、菊池寛、直木三十五らです。だらだら派とテキパキ派、流麗派と質実派、女性派と男性派、情緒派と理性派、一番手っ取り早く言えば、源氏物語派と非源氏物語派になる」

私が書いている本書ではこれまで、一般の人が多く書く実用文章を念頭に置き、「わかりやすく、簡潔に」を強調しているので、「非源氏物語派」になるでしょうか。

・品格と含蓄を強調

第3章は「文章の要素」で、用語、調子、文体、体裁、品格、含蓄について詳述しています。

品格を生むためには、「饒舌を慎む、言葉遣いを粗略にしない、敬語や尊称をおろそかにしない。品格ある文章にはそれにふさわしい精神を涵養することが第一で、その精神は優雅の心を体得することに帰着する」と書いています。文章以前の精神が大切なのです。

「この本は始めから終わりまで、ほとんど含蓄の一事を説いているものだと申してもよいのであります」とし、最後に「もし皆さんが感覚の練磨を怠らなければ、教わらずとも次第に会得されるようになる」と結んでいます。「文は人なり」を実感させる文章讀本です。

◎三島由紀夫の「文章読本」

三島由紀夫（１９２６〜１９７０）は、国粋主義的な肉体派で、陸上自衛隊市ヶ谷駐屯地に乱入して割腹自殺をした印象が強くなっていますが、ノーベル文学賞候補にもなり、作家として高い評価を得ていました。「仮面の告白」「潮騒」「金閣寺」「豊饒の海」などが代表作です。

祖父は内務官僚、父は農商務官僚の長男として生まれ、病弱でした。歌舞伎や谷崎潤一郎、泉鏡花らを好んだ祖母の影響を強く受けて育ち、男の子らしい遊びは禁じられました。学習院中等科から文芸に親しみ、東京帝国大学法学部に進み入隊しましたが、病気で帰郷します。大学卒業後、大蔵省に入省しましたが、すぐに退官。作家活動に専念し、後にボディビルで肉体改造に励みました。

「文章読本」は１９５９年に出しました。小説、戯曲、評論、翻訳と分けて、文章論を展開します。文章技巧として、人物描写（外貌と服装）、自然描写、心理描写、行動描写に分けて解説します。

古今東西の文学に関する該博な知識を駆使して書いています。

・鴎外の文章を絶賛

小説の文章として、森鴎外の短編小説「寒山拾得」と泉鏡花の長編小説「日本橋」の2つを比較しています。谷崎潤一郎風に言えば、鴎外は非源氏物語派、鏡花は源氏物語派となります。次は引用された寒山拾得の文です。

「閭(ろ)は小女を呼んで、汲み立ての水を鉢に入れて来いと命じた。水が来た。僧はそれを受け取って、胸に捧げて、ぢっと閭を見詰めた」

「閭」はある地方長官の名前です。三島は、漢文的教養の上に成り立った簡潔で清浄な文章と評価します。特に「水が来た」という表現を「現実を残酷なほどに冷静に裁断して、よけいなものをぜんぶ剥ぎ取り、しかもいかにも効果的に見せないで、効果を強く出すという鴎外独特のもの」と絶賛します。

大衆小説なら「閭は小女を呼んで汲み立ての水を、鉢に入れてこいと命じた。しばらくたつうちに小女は、赤い胸高の帯を長い長い廊下の遠くからくっきりと目に見せて、小女らしくパタパタと足音をたてながら、目八分に捧げた鉢に汲み立ての水をもって歩いてきた」というごちゃごちゃに塗りたくった悪文を書くだろうと書いています。

鏡花の文章は長く、鴎外の対極にあり、悪文との類似点が多くありそうだが、実は違うと断言します。「鴎外の文章とは反対の立場に立つ美学にのっとり、美学を極端にまで押し進め、はるか離れた高みに達している」「日本の国文学の文章、江戸時代の戯文、芭蕉以前の俳諧の精神、日本文学の中世以来繰り返された頻繁な観念連合の文体、あらゆる日本文学の官能的伝統が開花したもの」と評価しています。

・最後の理想は「気品と格調」

最終の第八章は「文章の実際――結語」で、自分の文章づくりのあれこれを披露します。短編小説ばかり書いていたときには、凡庸な一行が入り込むことが不愉快でしたが、凡庸さを美しく見せ、全体の中に溶け込ますことが小説の大事な要素と考えるようになったそうです。

また、古い中国の対句の影響が残っていて、例えば「彼女は理性を軽蔑していた」と書くべきところを、「彼女は感情を尊敬し、理性を軽蔑していた」と書くことを好んでいました。

文章の中に一貫したリズムが流れることにも気を配っていました。言葉の微妙な置きかえによって、リズムの流れを阻害していた小石のようなものが除かれます。わざと小石をたくさん流れに放り込んで、文章をぎくしゃくさせて印象を強める手法もあります。

女性の登場人物の場合には、努めて女性の名前を使って彼女という言葉を避けるようにしています。小説ではない随想の文章に、「僕」と書くことを好みません。「僕」という言葉を公衆の前で使う言葉とは思わず、会話のなかだけで使われるべき言葉と考えていました。

最後に文章の最高の目標について、次のように書いています。

「ブルジョア的嗜好と言われるかもしれませんが、文章の最高の目標を、『格調と気品』に置いています」「文章上の気品とか格調とかいうことは、闇のなかに目が慣れるにしたがって物がはっきり見えてくるように、かならずや後代の人の眼に見えるものとなるでありましょう」「文章の格調と気品とは、古典的教養から生まれるものであります」「文体による現象の克服ということが文章の最後の理想である限り、気品と格調はやはり文章の最後の理想となるでありましょう」

どうでしょうか。「文体による現象の克服」という表現も魅力的です。三島のこだわりがよく伝わってきます。

◎吉行淳之介選「文章読本」

吉行淳之介が、谷崎潤一郎から安岡章太郎、丸谷才一らまで20人の作家を選んで1988年にまとめました。当初は福武文庫、現在は中央文庫から出版されています。

島尾敏雄は「削ることが文章をつくる」、安岡は「感じたままに書く」、宇野千代は「文章を書くコツは、書けると思いこむこと」といっています。丸谷は吉行との対談で「自分が、名文だとそのとき思った。それを熟読玩味して真似ようと努力する。そのうちに文章を見る目が上がるんじゃありませんか」と述べています。

川端康成の文章論を少し詳しく紹介しましょう。「センテンスの長短」を論じています。短い文章の代表として、志賀直哉、菊池寛、武者小路実篤、久保田万太郎らをあげています。短い文章は日本だけでなく西洋でも特色になっており、戦後になって多少長くなってきたと分析します。短い文章は「美しい情感、余韻、陰影であり、素朴感、明確感、圧力感を生む場合がある」と論じています。

長い文章は、正宗白鳥、永井荷風、谷崎潤一郎、佐藤春夫、宇野浩二、高見順、石川淳らをあげています。長文は、詳しくてもれのない詳悉法（しょうしつほう）の傾向を帯び、「修辞と握手する」と表現しています。長い文が「修辞と握手せず、常識と握手した場合、冗長な退屈極まるものになる」と作家の表現力や修辞力が必要になると指摘しています。

川端はどちらかを推奨しているわけではなく、「文章の初心者に望む第一は、己の心緒に最もふさわしい、一番己の好きな文章を見つけることである」とし、それぞれの長所と短所を見極めることだとアドバイスしています。

短い文の短所として、時として色も匂いもなく、粗略単調な文章となる。一方、長い文は、いたずらに冗長になり、頂点を見失うことが多い、と書いています。

文の長短について、独特の表現で多角的に考えている様子は、大変興味深いものがあります。

2　識者の文章論を知ろう

ここでは学者ら研究者、新聞記者ら実務者の文章論をみていきたいと思います。

◎文化審議会と中村明氏

・文化審議会の労作

第2章8節「言葉の重複は避ける」で、政府の文化審議会が2022年1月にまとめた「公用文作成の考え方」に触れました。実に70年ぶりの改訂で、大変参考になります。関心のある方は文化審議会のホームページで入手して、読んで欲しいと思います。文化審議会は2023年4月現在、大学教授ら研究者、弁護士、団体役員、作曲家や俳優ら17人の委員で構成されています。

原案をつくったのは、審議会の国語分科会で、同じく31人の委員がいます。研究者に加え、メディア関係者、文章に関係した団体幹部ら実務家が参加しています。文を仕事で使う人達が議論してまとめたので、細部にも行き届いています。

・中村明氏の文章作法辞典

第4章7節「辞書で言葉の世界を知ろう」で、「類語ニュアンス辞典」を紹介しました。編著者の中村明氏は、国立国語研究所室長、早稲田大学名誉教授ですが、日本語に関する多くの著書があり、辞典も編集しています。

ここでは、「文章作法辞典」（原書は1999年、PHPエディターズ・グループ、最新刊は2023年、講談社学術文庫）を目次に沿って紹介します。

「I〈書く〉文章をはっきりと」は、初級の位置づけで、「わかりやすい表現」「あいまいな表現」

など24項目を解説しています。文意が明確に伝わる文章を書くための基本的な配慮と方策をまとめています。

「Ⅱ〈練る〉表現をゆたかに」は、中上級編で、「比喩表現」「対句表現」など21項目あります。興味深く読ませるための表現技術を幅広く紹介しています。

「Ⅲ〈磨く〉文体をしなやかに」は、最上級で、「書き出し」「心理描写」など14項目あります。読み手を引きつけ、心地よく揺するための多方面の配慮を考えたといいます。

事例を文学作品からふんだんに引用しているのが特徴です。Ⅲにある「書き出し」では、こうなっています。

「書き出しの一行はその作品に招じ入れる玄関のような機能をはたす。『死があたかも一つの季節を開いたかのようだった』という堀辰雄の『聖家族』の書き出しは小粋な洋館、『司馬遷は生き恥さらした男である』という武田泰淳の『司馬遷』の書き出しは禅寺、『今日は、陸軍大臣が、おとうさまのお部屋を出てから階段をころげおちた』という同じく武田泰淳の『貴族の階段』の書き出しは、洒脱な白髪の人が住む斜陽の名家という趣だ。それぞれに個性があるが、その先を読まずにはいられない気分に誘われる点は共通する」

作法がわかるだけでなく、読んで味わうことができる事典です。

ふだんあまり考えていないことを言語化されて、「なるほど！」「そうか！」と唸ることがあります。そんなときは少し幸せになった気分になります。

◎新聞コラムの文章論

新聞各紙は、1面にコラムを掲載しています。朝日新聞なら「天声人語」、毎日新聞は「余録」、読売新聞は「編集手帳」、日経新聞は「春秋」、産経新聞は「産経抄」です。地方紙にもあります。その日起こったニュースを書いたり、季節の風物を書いたりしますから、瞬発力と表現力に優れた記者が執筆しています。古今東西のエピソードやうんちくを駆使しながら、読者に「なるほどなあ」と読ませる筆力が必要になります。

・天声人語筆者の「文章のみがき方」

コラムの筆者をはじめ新聞記者が多くの文章の本を出していますが、ここでは1975～1988年に天声人語を執筆した辰濃和男著「文章のみがき方」（岩波新書、2007年）を取り上げます。実践的でわかりやすいからです。

「まえがき」で、いい文章やその鍛錬方法について、こう書いています。

「いい文章のいちばんの条件は、これをこそ書きたい、これをこそ伝えたいという書き手の心の、静かな炎のようなものだということです。大切なのは、書きたいこと、伝えたいことをはっきりと心でつかむことです。そのとき、静かな炎は、必要な言葉を次々にあなたに贈ってくれるでしょう」

「いい文章を書くための道には、果てがありません。自分の文章の拙さ、思いの浅さにのたうちまわってくやむこともあるでしょう。しかし、幸いにも、『いい文章』を書くための道は、果てしないが、つづいているのです。そして、その道を地道に歩きつづけるものだけが、それなりの果実を手にすることができるのではないでしょうか」

・目次でわかる具体的な技法

具体的な技法は、目次を追っていくだけでわかります。Ⅰの「基本的なことを、いくつか」では、「毎日、書く」「書き抜く」「繰り返し読む」「乱読をたのしむ」「歩く」「現場感覚をきたえる」「小さな発見を重ねる」と書きます。

それぞれに作家の一文があります。「毎日、書く」では、よしもとばななの「旅行に行って10日くらい書かないことはありますけど、そうすると10日分へたになったなと思います。ピアノと一緒なんでしょうね。書くというベーシックな練習は毎日しないといけません」という文を引用します。「歩く」では、永井荷風の「暇があったら歩くにしくはない。歩け歩けと思って、私は てくてくぶらぶらのそのそといろいろに歩き回るのである」「裏町を行こう、横道を歩もう」という文が登場します。

Ⅱの「さあ、書こう」になると、より実践的になります。「辞書を手元におく」「肩の力を抜く」「書きたいことを書く」「正直に飾りげなく書く」「借りものでない言葉で書く」「異質なものを結びつける」「自慢話は書かない」「わかりやすく書く」「単純・簡素に書く」「具体性を大切にして書く」「正確に書く」「ゆとりをもつ」「抑える」となります。

Ⅲは「推敲する」、Ⅳは「文章修業のために」をまとめています。コラムに関心のある方は、読んでみるといいでしょう。

・新聞1面コラムの学びどころ

新聞の1面コラムには一定のパターンがあります。書きたいことは、直近のニュースや出来事、季節の話ですが、書き出しのつかみは別の話から入ります。古今東西のエピソードや格言、文学作品や書籍からの引用が中心になります。まさに、うんちくです。そこから本題に移っていきます。本題とうんちくが本質的につながっていて、自然な表現で流れ、「そうか、よくわかった」「少し賢くなった」と思わせれば、いい文章といえるでしょう。

新聞の1面コラムは、日本語の手近なお手本とか、入試によく出るといわれます。しかし、一般の人がこうした文章を書く機会はまれでしょう。個性を生かして自由に書ける文章ですが、社会人なら社内報、同窓会誌あたりでしょうか。私は文章塾のホームページでコラムを書きますが、それ以外ではほとんどありません。

では、新聞1面コラムは実践では役立たないでしょうか。そんなことはありません。まず着眼点を学べます。ニュースに関連したうんちくがあるわけですから、物事の見方や切り口を知ることができます。うんちく自体、立派な知識であり、教養になります。次に書き方や表現に注目して読む方法もあります。決められた字数で着地するのは、高等技術です。

ムダな表現をどう省き、どんな論理をどんな表現で書いているかを観察するのは、大変意味があります。これらは一般の文章にも応用できます。人前であいさつやスピーチをする時は、原稿を書くと思いますが、大いに参考になるはずです。コラムを直接書かなくても、活用の余地が極めて大きなコンテンツです。

３　時事常識をつけよう

文章を書く場合、時事常識が必要になる時は少なくありません。多くの時事問題は、背景があります。ニュースに接していれば、すぐに理解できますが、背景を知らないと苦手意識を持ってしまいます。

苦手意識を克服する大切な要素は、ニュースに関連した「語彙」「歴史」「制度」に強くなることです。そのためにもっとも基本的な手段は、新聞だと考えます。今はネットが優位になっていますが、「ネットは上級者メディアで、新聞は基礎メディア」という自覚が必要です。

◎時事力向上に最適な「新聞」

若い人は最近、ネットでニュースをチェックし、その反動で新聞を読む人が減っています。これは新聞自体の魅力が落ちたというより、習慣の問題といえます。ネットは１９９０年代に登場し、２０１０年以降のスマホの普及で新聞部数を激減させています。それ以前の世代は、新聞が社会を知る必須の手段であり、テレビ番組などを知る娯楽の対象でもありました。朝起きて、コーヒーを飲みながら新聞を読んで考えるという習慣が根付いていました。こうした世代は今後も新聞を読むでしょう。

作家で元外務省主任分析官の佐藤優氏は「ネット情報は玉石混交で、玉を選ぶにはかなりの知識とスキルが必要。ネットは上級者のメディアだ。効率を考えれば、お金はかかるが新聞や雑誌で精度の高い情報をチェックしたほうが、ビジネスパーソンにはメリットが大きい」と語っています。

・利点は信頼性と一覧性

新聞の大きな利点は、情報の信頼性、紙面の一覧性の2点です。新聞記事は、記者が職業的な使命感を持って書いているのが通例なので、情報の信頼性に最も重点を置いています。間違った場合には、ただちに「訂正」を出します。確認できない情報は、書かないか、書く場合でも未確認だとわかるようにします。

一定の分野を長く担当する記者は、編集委員や論説委員となり、専門性を持っています。記事が政策当局などに影響力を持つこともあります。

紙面の一覧性によって、ニュースの価値判断を知ることができます。大きな扱いの記事はニュース価値が大きいと判断しています。紙面の扱いは、その日の編集現場で議論をして決めているので、一定のバランスが取れています。判断にあたっては、ニュースが持つ今後の影響力も勘案しているので、先を読むことにつながります。

ニュースの価値判断は、最終的には個人の判断といえますが、新聞の扱いを知ることで、自分の判断と比べることもできます。

ＳＮＳの発達で、既存メディアに対する批判も増えてきました。真摯な批判には謙虚に対応する必要はあります。しかし、新聞の報道力が衰えれば、ネットのニュースも貧弱になり、民主主義の衰退にもつながります。新聞各社は自信を持って自らの存在価値をもっと訴えたほうがいいでしょう。

新聞で時事の基礎力を養った上で、狙いをつけてネットでニュースや関連した意見を探すのがベストでしょう。意見を探る場合は、新聞もネットも複数の媒体をチェックすれば、よりバランスがとれます。

ネットは「自分の見たいものしか見ない傾向がある」ことを知っておく必要があります。

◎カギは「語彙」「歴史」「制度」

ニュースを敬遠する一因は、「語彙＝専門用語」にあると思われます。逆にいえば、語彙に詳しくなれば、深い理解につながります。

・語彙を知ることでニュースに詳しくなる

「経済ニュースがわからない」という人は少なくありません。私も記者時代、地方勤務から東京本社経済部に異動して困りました。最初に覚えたのは「景気」です。一言で「景気」といいますが、正確には「国内総生産＝ＧＤＰ」です。

９つの要素があり、民間の消費、住宅、設備投資、在庫変動、政府の消費、固定資本形成、在庫変動、それに輸出と輸入です。この9つの変動で景気が動くのです。9つの統計数字は定期的に発表されています。

民間の消費がほぼ6割を占めているので、個人の財布の動向は重要です。設備投資は大きく変動し、投資した分は次の生産につながりますから、二重の影響があります。輸出や輸入は、為替が乱高下すれば大きく変動します。景気の記事を書く場合、感覚ではなく、統計をもとに現実の動きをみなければなりません。逆いえば、語彙を知っておけば、景気の理解は飛躍的に進みます。

経済にはマクロとミクロの視点があります。景気はマクロですが、ミクロは主に企業活動に関わります。今は人工知能（ＡＩ）や脱炭素が大きな関心を集めています。ＡＩや脱炭素に関連した専門用語は、日々生まれているような状況です。それらに詳しくなることで、ニュースの理解は全く変わってきます。

専門用語はどの分野でもあります。政治の世界では、政党、国会、選挙などであります。司法では、刑法で決められた罪刑、刑事訴訟法で定められた手続きは基本です。文化では、文学、音楽、演劇など分野ごとに特別な言葉があります。ニュースを理解したい時、語彙の理解から始めるのは近道です。

・歴史で本質を知る

時事問題の理解に歴史は不可欠です。特に長い経緯がある場合、歴史を知らなければ、現実を理解し、将来を見通すことができません。

２０２３年10月、パレスチナ自治区ガザ地区を支配するイスラム組織ハマスがイスラエルを攻撃し、戦闘状態に突入しました。中東問題は、長い歴史を抜きに語ることはできません。ユダヤ人国家をめぐる対立は紀元前から続いていますが、最近の対立の起源は、19世紀に始まるシオニズム運動です。１９４８年にイスラエルが建国し、４度に及ぶ中東戦争に発展。１９９３年に両者を併存させるオスロ合意が成立しましたが、対立が続いています。エジプト、サウジアラビ、イランという中東の大国も巻き込んでいます。米国ではユダヤ人が大きな影響力を持ち、イスラエルの最大支持者。石油を中東に依存する日本はアラブとも友好関係。ウクライナ侵攻で米国との対立を深めるロシアは、中国に接近し、ともにアラブ寄り。第二次世界大戦後、まがりなりにも平和を保ってきた大国ですが、溝が深まっています。

以上は中東問題の基礎知識です。ロシアによるウクライナ侵攻でも両国の歴史は理解に欠かせません。国内で似たような例は、水俣病、沖縄の基地、各地の原発などが代表的です。その他にも歴史と関係者の思いを抜きに語れない問題は数多くあります。

文章を書いたり考えたりする必要に迫られたら、一気に歴史をたどってみましょう。

・制度を知ってクリアに理解する

複雑で馴染みのない制度がからむニュースは、とっつきにくさがつきまといます。代表例は、生活に深く関係する社会保障制度でしょう。年金、医療、介護が代表的ですが、それぞれに複雑な制度があり、課題を抱えています。

年金は、資金の再配分で、制度としては本質的にシンプルなはずです。医療は、医師や看護師、薬局といった多くの人がからみ、医療のあり方も関係し、制度も複雑です。介護は両者の中間といえます。制度に加えて、「負担と給付」に関する基本的な思想もからみます。「高福祉高負担」か「低福祉低負担」か、という問題です。

焦点は、国民が合意できる制度は何かです。しかし、制度は細かな手直しを重ねて複雑で、思想によって主張も異なります。少子高齢社会を迎え、専門家の間では「消費税を増税をしないと今の制度は維持できない」という意見が有力ですが、増税には大きな政治的エネルギーが必要で、及び腰になりがちです。

社会保障問題を書く際、制度と思想の基本的な理解は不可欠です。関係の書籍、政府のホームページ、シンクタンクの論文などで知る必要があります。

関連して財政の知識も重要です。政府の歳入や歳出の項目や規模、借金の総額、国際比較などはおさえておくべきです。政治の世界では、減税要求や給付金の支給といった選挙目当ての要望が出がちですが、財政全体にどんな影響を与え、費用対効果はどうかという視点も忘れてはいけないでしょう。

2015年に施行された安保法制も生活に関わってきます。中国と台湾が武力衝突する台湾有事の可能性が語られています。米国が軍事的に動けば、米軍基地のある日本も巻き込まれ、日本としても重大な選択を迫られます。安保法制の制度的知識は前提として重要になっています。

4　教養について考えよう

教養については、第1章5節「文章上達の2つのステップ」で触れました。そこでは、「教養人」は「教養のある人」と思われていますが、教養の程度は客観的に測れず、どの分野でも上には上がいます。「教養を大切にしたいと思っている人が教養人」だと考えています、と書きました。

文章を書く際、教養は知識とともに非常に重要になります。

本気で文章を書きたい人は、ぜひ「教養人」を目指してください。

◎役に立つ齋藤孝明治大教授の本

教養をつけるにはどうしたらいいでしょうか。様々な本を読み、深く考え、多くの経験をし……。一言ではいえないということになりますが、手がかりを欲しいという人には、齋藤孝明治大教授の本をすすめます。

・「語彙力こそ教養である」

専門は教育学、身体論、コミュニケーション論で、著書は「身体感覚を取り戻す」「声に出して読みたい日本語」「知性の磨き方」など多数あり、メディアにもよく登場しています。ここでは文章に深く関わる語彙と教養を取り上げた「語彙力こそが教養である」（２０１５年、KADOKAWA）

から紹介してみます。

語彙力を伸ばすうえで最高のコストパフォーマンスを発揮する文学作品として、登場人物が異常に饒舌なドストエフスキーの長編をあげます。特に「カラマーゾフの兄弟」で有名な「大審問官」の章が代表格で、主人公の一人がキリストの存在意義、宗教や自由の意味を延々と問うていきます。学生に読ませると、人間理解力や読解力、読書体力が大きく成長し、顔つきまで変わる気がするそうです。

語彙の源泉は「三国志」、人間と語彙を磨きたければ「論語」、心の安寧の場になる「仏教由来の言葉」と紹介します。世界最高峰の語彙を持っているのはシェイクスピアで、「16世紀の作家ながら、シェイクスピアの作品は愛や嫉妬、親との関係など、現代人が抱える苦悩や笑いをすべて包含している」と書いています。

ゲーテがシェイクスピアを「銀の皿に金の林檎をのせて、われわれにさし出してくれる。われわれは、彼の作品を研究することによって、なんとか銀の皿までは手に入れられる。けれども、そこへのせるのはじゃがいもしか持ってない」（エッカーマン「ゲーテとの対話」、岩波文庫）と評したことも紹介しています。

・日本人の精神と思想をたどる

「日本人は何を考えてきたのか」（２０１６年、祥伝社）では、言葉、宗教、西洋、人生観の観点から、日本人の思想を考えます。思想を学ぶ意義は「精神の柱」をつくることだといいます。吉田松陰や福沢諭吉は「精神の柱」がしっかりし、「心の天気」に煩わされずに大きな仕事を成し遂げたと思うと書いています。

日本特有の言霊信仰と憲法９条の関係の論考もあり、ユニークです。言霊信仰は「言ったことが現実になる」という考え方で、不吉なことは口にせず、理想を掲げます。戦争放棄と戦力不保持の憲法９条を厳密に解釈すると、自衛隊の存在も危うくなります。

しかし、国民は自衛隊を認めています。現状を次のように書きます。

「理想主義の言霊信仰には抑止力があり、現実主義のもと生まれた自衛隊には現実に対処する力がある。その双方の間にある矛盾を、あたかもないものとして包み込んでしまう究極のバランス感覚を日本人は持っています」

「かつて聖徳太子は17条憲法で『和を以て貴しとなす』と言いましたが、和を以てどころか、日本人は矛盾や曖昧さをそのまま貴しとして、バランスをとりながら生きていくことができる民族なのかもしれません」

政治論や法律論では異論があると思いますが、日本を読み解く教養論といえます。教養に関する本は多いので、それぞれ選んでいただければいいのですが、斎藤教授の本は、扱う範囲の幅広さとわかりやすさが魅力です。

斎藤教授も強調しているのが、古典の力です。古典には精神の柱があり、今のビジネスパーソンには古典が必要だと強調しています。

5　地球・生命・人間に詳しくなろう

最後の節になりました。「地球・生命・人間」という大きなテーマを掲げました。人間は産業革命以降、科学技術の発達で社会を大きく変えてきました。便利になった一方で、多くの弊害も生んでいます。地球温暖化は最近、「地球沸騰」ともいわれています。日本でも夏が酷暑になり、実感として生存の危機を感じます。

人類が人類活動の結果として存亡が危ぶまれる事態は、初めてではないでしょうか。核兵器の開発も人類存亡の危機といえますが、政治指導者の判断で防げます。地球温暖化は人類が結束して取り組む必要がありますが、対策は十分とはいえません。

世界でいま生きている人達が乗る船は、ナイアガラの滝に向かって進んでいるようです。多くの人がぼんやりとした危機はわかっていますが、ウクライナやパレスチナで殺し合っています。アメリカと中国は対立し、大国も小国も自国の利益だけを考えて動いているようです。今のままでは、全員が滝壺に落ちてしまうでしょう。

文章でこうしたことを直接書く機会は少ないかもしれません。しかし、自らの存亡に関わる事態を念頭に置きながら、すべての物事を根源的に考える必要があります。「地球・生命・人間」を考える視点です。地球は我々が生きる自然です。生命には動物や植物も含まれます。人間はあなた自身です。

◎作家池澤夏樹に学ぼう

池澤夏樹は終戦の年の7月に生まれました。父は作家の福永武彦、親族には物理学者がいました。埼玉大学理工学部を中退し、詩や小説を書き始めます。

１９８８年に「スティル・ライフ」で芥川賞を受賞し、個人編集の世界文学全集、日本文学全集を出版しています。わかりやすくいえば、文化系と理科系を兼ねた文理融合の人です。

・「楽しい結末」の「恐龍たちの黄昏」

文理融合の成果の本が人類の未来を考えた「楽しい結末」（１９９３年、文藝春秋）です。「文學界」への連載をまとめた本ですが、「恐龍たちの黄昏」という一文で恐竜と人類の将来を重ねます。「人間は新しいということに異常な関心を示す。今に始まったことではないが、最近これが特に著しいことも事実だ」「われわれを囲む社会が最も重要なキーワードとしているのは進歩であり、技術革新であり、構造改革であり、革命であり、モデルチェンジであり、新製品であり、陳腐化である。つまり、すべて新しいという概念にまつわる用語だ」「生物の進化は地史のゆっくりした流れと見事に呼応して、今も見るような多彩な生物を生み出した。人間はその過程を千倍の速さで走りぬけ、ブレーキが効かないまま、次にどこを目指せば良いか分からなくて途方に暮れている。ホモ・サピエンスというのは自然が試しに作ってみた無意味な玩具、最初から超高速で進化してたちまち行き詰まって消えてしまう呪われた種なのだろうか。知力というのは結局は絶滅の因子でしかないのだろうか」

文の中で、明治から戦前にかけて著名だった1人の生物学者の説を引用します。

・丘浅次郎の警鐘

東京高等師範学校（現筑波大）教授だった丘浅次郎（1868～1944）です。ダーウィンの進化論を1904年に「進化論講話」として日本に広く紹介した人です。生物の生態を人類に適用し、社会や教育に関する多くの評論を書き、戦前の知識人に影響を与えました。

現在の知名度は高くありませんが、思想家の大杉栄、哲学者の鶴見俊輔、作家の司馬遼太郎が評価し、中国の魯迅にも影響を与えたといわれています。

人類の未来に関する丘の主張を簡単にまとめれば、「種は生存競争があり、有利な資質を持ったものが勝つ。しかし、有利な資質は奇形化し、生存に不利になり、滅びる。人類もその宿命から逃れられない」となります。

個人的な話になりますが、丘は私の出身地と同じです。名前は聞いていましたが、主張は池澤氏の一文で初めて知りました。強い関心を持って主な著書をすべて読み、「人間を考えるヒント　ダーウィン紹介者・丘浅次郎の知恵」（2020年、羽衣出版）としてまとめました。

人類の滅亡につながりかねない要素として「核」があります。丘は広島と長崎に原子爆弾が投下される前年に亡くなったので、核について触れていません。しかし、丘の主張を参考に今の社会を見れば、慄然とすることがあります。いくつか紹介します。

・人類の滅亡を予想

１９０９年に書かれた「人類の将来」という論文では「人類社会は所有権が生じることで貧富の格差が生まれ、貨幣の登場によって金銭的な貧富で生存が決まるようになった。本来なら身体や精神の健全さで自然淘汰があるはずだが、中断された。自然淘汰が中断されると、退化に向かうのは生物学上動かせない事実だ。退化によってどんな影響があるかは研究すべき問題だが、性欲の低下や生活不安による晩婚化や少子化が予想される。生存競争が激しくなって不安が高まり、健康にも悪影響を与える。知力の向上は道徳に対する疑念を生む。社会を形作っている以上、協力が何より大切だが、協力の念が薄らいでいく。こうした動きがさらに進み、人類は他の動物同様、全滅は免れないだろう。もっとも地球上の生物はいずれ全滅すると言われている。その前に人類は滅びると予言できる」と書いています。

１９１１年には「自然の復讐」という論文で、「自然を征服したことは人類の最も誇りとするところであるが、自然は人類に征服されるだけで、人類に復讐することはないだろうか。自然には一定の理法があって、破るものは必ず罰せられる。森林の樹木をすべて切ってしまえば、雨降りのたびに洪水になってしまう。自然の復讐の最も残酷なものは、人間社会の不条理に起因するものである。蒸気機関も水力発電も、後から見れば貧富の格差を激しくするため造られたかの観がある。多くの社会問題が起こったのは、人間が無謀に自然を征服して勝ち誇ったため、激しい復讐を被っているともいえる」と分析します。

・平和を望んでもなくならない戦争

戦争については、1925年の「偽りの平和」で、「生物の生活に絶対の平和はありえない。瞬間の平和はあっても長く続くことは生物学上不可能である。私は主戦論者ではなく、戦争の悲惨さを痛切に感じている」と平和を望むが戦争はなくならないと断言しています。

国家と個人の関係についても考察し、「国家間の戦争が始まれば、挙国一致となって個人間の競争は力を失う。平和な時代になると個人間の競争が激しくなって個人主義が盛んになる。個人主義が隆盛になると、国粋主義が台頭し、暴力を用いてこれを破ろうとする。国家と個人の関係は、振り子や海岸の波のように行ったり来たりする」と書いています。

人は生きていくとき、「高い志と低い目線が重要」といえないでしょうか。文章を書く時は「大きな考えを持ちながら、小さな現実を書くことが重要」といえないでしょうか。文章修業を一生の宝にしましょう。

あとがき

文章の世界はいかがだったでしょうか。基本を繰り返して記します。

書くことは考えることです。何を伝えようか考えた上で、わかりやすく、簡潔な文を目指しましょう。基本ルールを身につければ、誰にでも書けます。

レベルアップするには知識や教養が欠かせません。知識と教養を大切にする習慣をつけましょう。

文章の上達はスポーツと同じです。頭と手を動かして、体で覚えるしかありません。近道はありません。文章力は一生の宝物になります。

長谷川キャリア文章塾は以上のような方針で運営しています。基本は月4回の課題作文です。赤字で添削し、基本ルールと内容に関する講評を返送します。特製テキストを何回も読んでもらいます。平日毎朝、ニュースや教養を盛り込んだメルマガを配信しています。知識と教養に関心を持つ習慣をつけましょう。本気で文章力をつけたい人は受講をおすすめします。会社・法人の集団受講もあります。

関心のある方は、ホームページ（https://hasegawa-cwa.com）をご覧ください。「長谷川キャリア文章塾」で検索できます。申し込み・問い合わせフォームもあります。連絡先メールアドレスは、hase@hasegawa-cwa.com です。一緒に頑張りましょう。

長谷川　智

著者略歴

長谷川　智（はせがわ　さとし）

1957年12月、静岡県旧竜洋町（現磐田市）生まれ。早稲田大学政治経済学部卒業。1980年、朝日新聞社入社。経済部、アエラなどの記者。新潟総局長、経済部長（東京本社）、編集局長（名古屋本社）など歴任。朝日新聞1面の人気コーナー「しつもん！ドラえもん」の発案・初代責任者。2017年3月から浜松支局員兼掛川支局長。
2022年12月定年退職。現在は長谷川キャリア文章塾主宰、朝日小学生新聞1面コラム「天声こども語」など執筆、各種講演・企業研修講師など。
著書に『遠州考・やらまいかを探るⅠ』『同Ⅱ』『同Ⅲ』『宗一郎と喜一郎　ホンダとトヨタとニッポンの物語』『人間を考えるヒントダーウィン紹介者・丘浅次郎の知恵』（いずれも羽衣出版）
『社会思考のすすめ　実践ソーシャルシンキング／脳と職場に空間を創れ』（ＰＨＰエディターズ・グループ）
連絡先　hase@hasegawa-cwa.com

本気の文章上達法を教えます

2023年12月20日　初版発行

著　者　長谷川　智
© Satoshi Hasegawa
発行人　森　忠順

発行所　株式会社 セルバ出版
〒113-0034
東京都文京区湯島1丁目12番6号 高関ビル5B
☎03（5812）1178　FAX 03（5812）1188
http://www.seluba.co.jp/

発　売　株式会社 三省堂書店／創英社
〒101-0051
東京都千代田区神田神保町1丁目1番地
☎03（3291）2295　FAX 03（3292）7687

印刷・製本　株式会社　丸井工文社

●乱丁・落丁の場合はお取り替えいたします。著作権法により無断転載、複製は禁止されています。
●本書の内容に関する質問はFAXでお願いします。

Printed in JAPAN
ISBN978-4-86367-864-4